Hubert Annen / Julian Ebert

**Assessment-Center**

Hubert Annen / Julian Ebert

# Assessment-Center
## Mehr Sicherheit im Karrieretest

**orell füssli** Verlag AG

© 2010 Orell Füssli Verlag AG, Zürich
www.ofv.ch
Alle Rechte vorbehalten

Dieses Werk ist urheberrechtlich geschützt. Dadurch begründete Rechte, insbesondere der Übersetzung, des Nachdrucks, des Vortrags, der Entnahme von Abbildungen und Tabellen, der Funksendung, der Mikroverfilmung oder der Vervielfältigung auf andern Wegen und der Speicherung in Datenverarbeitungsanlagen, bleiben, auch bei nur auszugsweiser Verwertung, vorbehalten. Vervielfältigungen des Werkes oder von Teilen des Werkes sind auch im Einzelfall nur in den Grenzen der gesetzlichen Bestimmungen des Urheberrechtsgesetzes in der jeweils geltenden Fassung zulässig. Sie sind grundsätzlich vergütungspflichtig.

Umschlaggestaltung: Andreas Zollinger, Zürich
Druck: fgb • freiburger graphische betriebe, Freiburg

ISBN 978-3-280-05378-2

Bibliografische Information der Deutschen Nationalbibliothek:
Die Deutsche Nationalbibliothek verzeichnet diese Publikation in der Deutschen Nationalbibliografie; detaillierte bibliografische Daten sind im Internet über http://dnb.d-nb.de abrufbar.

Mix
Produktgruppe aus vorbildlich
bewirtschafteten Wäldern, kontrollierten
Herkünften und Recyclingholz oder -fasern
www.fsc.org  Zert.-Nr. SGS-COC-003993
© 1996 Forest Stewardship Council

# Inhalt

Vorwort  7

1. **Warum das Assessment-Center so ist, wie es ist**  11
   Hauptmerkmale und historischer Hintergrund  12

2. **Womit im Assessment-Center zu rechnen ist**  21
   Beurteilungskriterien und Übungen  22

3. **Tests im Assessment-Center**  45
   Möglichkeiten und Grenzen psychologischer
   Tests im AC  46

4. **So läuft ein Assessment-Center ab**  81
   Systematik am Beispiel eines Muster-Assessment-
   Centers  82

5. **Bereit sein fürs Assessment-Center**  103
   Was man bei der Vorbereitung tun und lassen sollte  104

| | |
|---|---|
| **6. Das Ergebnis des Assessment-Centers nutzen** | 159 |
| Die Bedeutung des Feedbacks | 160 |
| **7. Was bleibt?** | 177 |
| Einige abschließende Bemerkungen | 178 |
| **Literaturempfehlungen** | 187 |

## Vorwort

Das Aufgebot zum Assessment-Center (AC) oder aber – je nach Perspektive – die Chance, sich diesem Prozess zu stellen, löst bei den Betroffenen meist ein gewisses Unbehagen aus. Es tauchen Bilder von undurchschaubaren Aufgabenstellungen, hartnäckigen Interviewern, unangenehmen Diskussionspartnerinnen auf. Und während man schwitzend um passende Argumente und konstruktive Gesprächsbeiträge ringt oder versucht, Ordnung in den chaotischen Berg von Pendenzen zu bringen, spürt man die Blicke der Beobachter, die sich eifrig Notizen machen. Hinzu kommt, dass deren Pokerface keinerlei Aufschluss darüber gibt, wie gut man abgeschnitten hat. Freundlich und bestimmt wird man aus der Übung entlassen und muss sich dann mit dieser – vorsichtig ausgedrückt – ungünstigen Ausgangslage den nächsten Aufgaben stellen. Das Wissen darum, dass hier gerade die Weichen für die weitere berufliche Karriere gestellt werden, macht die Sache auch nicht einfacher.

Folglich sucht man im Vorfeld der Teilnahme am AC nach Informationen bei ehemaligen Kandidaten, bei AC-Expertinnen oder in der Ratgeberliteratur. Man möchte Antworten auf Fragen wie «Was muss ich tun, damit ich das Assessment-Center bestehe?» erhalten. Dass ein AC einen Hilfeschrei auslösen kann und es nun einmal keine sicheren Erfolgsrezepte gibt, sagt schon einiges über dieses Beurteilungsinstrument aus. In der Wahrnehmung der Kandidatinnen und Kandidaten geht es um Sein oder Nicht-Sein. Am Ende kommt in der Regel eine Selektionsentscheidung heraus oder eine Empfehlung für die nächste Sprosse auf der Karriereleiter. Das Ganze basiert jedoch auf einer diffus erscheinenden Grundlage. Denn es wird kein messbares Wissen abgefragt, sondern vor allem das Verhalten beobachtet. Das heißt, man muss sich mit seiner Persönlichkeit exponieren und weiß nie genau, ob man auf dem richtigen Weg ist. Einfache Handlungsanweisungen sind in solchen Fällen wenig zielführend. Man kann einer Athletin schließlich auch nicht genau sagen, wie der Wettkampf verlaufen wird und was sie tun muss, damit sie garantiert am Schluss ganz oben auf dem Podest steht. Vielmehr muss sie gewisse Abläufe beherrschen, physisch fit und geistig aufmerksam sein, das Rennen interpretieren, sich auf Unerwartetes einstellen können und stets eine Lösung bereithalten. Ähnliches wird vom AC-Kandidaten erwartet, wenn er sich bei den Aufgaben – welche die zu erwartende Berufsrealität abbilden – bewähren will. Er muss den Kern der Sache erfassen, das Geforderte im Gesamtkontext sowie unter Berücksichtigung der beteiligten Personen einordnen können und dann in der betreffenden Lage seine Stärken zielgerichtet zur Geltung bringen.

Bei der Vorbereitung auf eine Teilnahme am AC sollte man sich nicht mit Mutmaßungen und gut gemeinten Ratschlägen zufriedengeben. Hilfreich sind vertiefte Kenntnisse über die Absichten und Gesetzmäßigkeiten sowie über die Möglichkeiten und Grenzen der Assessment-Center-Methode. Je mehr man über einen Sachverhalt weiß, desto sicherer fühlt man sich. Eine realistische Sicht auf dieses Selektionsinstrument ist eine gute Grundlage, um die spezielle Herausforderung mit einer erfolgversprechenden Mischung aus Gelassenheit und Entschlossenheit anzupacken. In der konkreten Situation selbst zählt dann die mentale Bereitschaft, die sich unter anderem durch Aufmerksamkeit und Zuversicht auszeichnet.

Kandidatinnen und Kandidaten für ein AC erhalten im vorliegenden Buch einen Einblick in die grundlegenden Ideen, Mechanismen, Chancen und Gefahren der AC-Methode. Was sind die Prinzipien dieses Beurteilungsinstruments? Was darf man von einem professionell durchgeführten Assessment-Center erwarten? Welche Vorteile haben diese praxisnahen Aufgabenstellungen? Wie sehen der Ablauf und der Beurteilungsprozess aus? Wie kann man sich darauf einstellen? Wie soll man mit dem Feedback umgehen? Auf der Basis aktueller Untersuchungen wird hier gezeigt, mit welchen Übungen und Beurteilungskriterien man im deutschsprachigen Raum zu rechnen hat. Zudem werden Sinn und Zweck von Intelligenz- oder Persönlichkeitstests im Rahmen eines AC hinterfragt. Der Hauptteil des Buches beschäftigt sich damit, wie man sich auf ein AC konkret vorbereiten kann. Obwohl es wie erwähnt kein sicheres Erfolgsrezept gibt, kann man als künftige AC-Teilnehmerin durchaus gewisse Vorkehrungen treffen, um im entscheidenden Moment bereit zu sein. Ein seriös durchgeführtes Assessment-Center endet stets mit einem ausführlichen Bericht, der in einem persönlichen Feedbackgespräch erläutert wird. Auch wenn jeder auf eine positive Rückmeldung hofft, sollten AC-Kandidaten wissen, dass dieses Feedback für die weitere berufliche oder persönliche Entwicklung so oder so hilfreich sein kann.

Folglich trägt das Kapitel über das AC-Ergebnis und den Umgang damit dazu bei, die AC-Teilnahme unabhängig vom Resultat als wertvolle Erfahrung anzunehmen.

Was man versteht, macht einem keine Angst mehr. Daher möchten wir mit diesem Buch die Einsicht in die grundlegenden Gedanken, den Ablauf und die spezifischen Instrumente der AC-Methode sowie in die Handlungsweisen der AC-Verantwortlichen wesentlich erweitern. Dabei werden die Vorteile gegenüber anderen Beurteilungsverfahren sichtbar gemacht. Zugleich wird aufgezeigt, was eine AC-Teilnehmerin bzw. ein AC-Teilnehmer von einem seriös durchgeführten AC erwarten darf. Das vertiefte Verständnis des Assessment-Centers führt schließlich dazu, die Tipps zur Vorbereitung richtig zu interpretieren, individuelle Maßnahmen abzuleiten und sich mit einer zuversichtlichen Einstellung auf diese Herausforderung einzulassen.

## 1. Warum das Assessment-Center so ist, wie es ist

*Als Herr M. vor wenigen Tagen anlässlich des Beurteilungsgesprächs von seinem Chef die Einladung zum Kaderassessment bekam, freute er sich sehr. Er sah darin ein Zeichen, dass man ihm das Potenzial für eine Führungsposition zutraut. Und er fühlte sich für sein großes Engagement belohnt. Nachdem Herr M. nun aber die detaillierten Angaben zum bevorstehenden Assessment-Center erhalten hat, schleichen sich doch einige Bedenken ein. Mit der Spannung und der Unsicherheit, die man vor jeder Prüfungssituation spürt, ist er vertraut. Eigentlich wäre es ihm auch lieber, das Ganze wäre einfach eine «normale» Prüfung. Dann hätte er sich über das Thema und mögliche Fragestellungen informieren und sich gezielt vorbereiten können. Das AC erscheint ihm im Moment aber eher wie ein Buch mit sieben Siegeln. Er weiß nur, dass er sich in zwei Wochen in einem Seminarhotel einzufinden und sich dort zusammen mit anderen Mitarbeiterinnen und Mitarbeitern der Firma verschiedenen tätigkeitsrelevanten Situationen zu stellen hat. Beobachtet und beurteilt werde er dabei unter anderem von Psychologen. Am Schluss stehe eine Empfehlung, die entscheidend dafür sei, ob er nun die Kaderlaufbahn einschlagen dürfe oder nicht. Diese Informationen tragen wenig dazu bei, seine Bedenken zu zerstreuen – im Gegenteil! Das Ganze ist für ihn noch viel zu diffus und folglich wenig fassbar. Er ist sich bewusst, dass Unsicherheit eine ungünstige Ausgangslage für das Bestehen dieser Testsituation ist. Deshalb will Herr M. mehr über die AC-Methode erfahren, um sich darüber klar zu werden, worauf er sich da einlässt.*

**Hauptmerkmale und historischer Hintergrund**

Die Frage nach den typischen Merkmalen der Assessment-Center-Methode ist im Grunde genommen rasch beantwortet. Es handelt sich um eine seminarähnliche Veranstaltung, in der sich mehrere Kandidatinnen und Kandidaten diversen praxisnahen Situationen zu stellen haben und dabei von geschulten Beobachtern beurteilt werden. Diese stützen sich auf einen klar vorgegebenen Ablauf, wobei auf das Mehraugenprinzip genauso Wert gelegt wird wie auf die Trennung von Beobachtung und Beurteilung sowie die mehrfache Erfassung von bedeutsamen Beurteilungskriterien. Letztere beruhen auf bestimmten Anforderungen, die für den Erfolg in der Zieltätigkeit als wesentlich erachtet werden. Oder einfacher ausgedrückt: Ein AC ist gewissermaßen eine verkürzte und standardisierte Probezeit, bei der die abschließende Einschätzung des Kandidaten auf einem zuvor festgelegten Beurteilungsprozess beruht. Es liegt auf der Hand, dass man sich von einem solchen Vorgehen mehr aufschlussreiche Informationen über die zur Auswahl stehenden Personen erhofft als von einem einfachen Bewerbungsgespräch.

So eignet sich das AC insbesondere zur Erfassung von berufsbezogener Kompetenz und sozialen Verhaltensweisen. Das Ergebnis dient einerseits zur Entscheidungsfindung in der Personalselektion, wo freie Stellen mit geeigneten Personen besetzt werden sollen. Man möchte mittels der AC-Methode jene Personen identifizieren, die den spezifischen Anforderungen besonders gut entsprechen. Andererseits nutzt man das AC als Instrument, um das Potenzial von unternehmensinternen oder -externen Kandidaten zu erfassen. Hier geht es darum, ein Stärken- und Schwächenprofil zu erstellen und daraus gezielte Entwicklungsmaßnahmen abzuleiten. Das Ergebnis dieser Analyse erlaubt es den Verantwortlichen im Unternehmen, Schulungen und Trainingsmaßnahmen zu entwickeln und durchzuführen sowie bestimmte Mitarbeiterinnen und Mitarbeiter für eine Kaderposition vorzusehen und sie entsprechend zu fördern.

Wenn die im AC verwendeten Übungen das angestrebte Tätigkeitsfeld genau genug widerspiegeln, kann mit einiger Sicherheit davon ausgegangen werden, dass sich die Bewerber im späteren Berufsalltag ähnlich verhalten werden. Die berufliche Handlungskompetenz setzt sich aber bekanntlich aus weiteren Aspekten wie Wissen, Motivation und persönlichen Einstellungen zusammen. Diese Charakteristika können nicht direkt beobachtet werden. Daher wird das AC meist noch um standardisierte Tests ergänzt. Das können Fachwissens-, Intelligenz- oder Konzentrationstests sowie Persönlichkeitsinventare oder strukturierte Interviews sein.

Die Idee, typische Arbeitsaufgaben möglichst realistisch zu simulieren und dadurch tätigkeitsrelevante Verhaltensweisen zu provozieren und systematisch zu beurteilen, hat zweifelsohne etwas Bestechendes. Vor diesem Hintergrund taucht nun die berechtigte Frage auf, weshalb man ein AC nicht generell zur Personalselektion einsetzt und weshalb man das nicht schon immer so gemacht hat. Zur ersten Frage lässt sich sagen, dass ein solches Verfahren ausgesprochen zeit- und personalaufwändig ist und somit kaum die notwendigen Ressourcen für eine flächendeckende Durchführung aufgebracht werden könnten. Auf diesen Aspekt wird weiter unten noch ausführlicher eingegangen. Zweitens ist es so, dass den letztendlich als einfach und naheliegend erscheinenden Lösungen meistens eine etwas längere Geschichte vorausgeht.

Angesichts der teils gravierenden Folgen von Fehlbesetzungen erstaunt es wenig, dass die Auswahl der richtigen Person für eine gewisse Funktion eine lange Tradition hat. Bereits in der Bibel finden sich erste Hinweise darauf, dass man sich besonderer Verfahren bediente, um die richtige Personalentscheidung zu treffen. Im «Buch der Richter» des Alten Testaments empfiehlt Gott Gideon zwei Tests zur Bildung eines kleinen und schlagkräftigen Heeres im Kampf gegen die Medaniter. Zunächst sollen sich sämtliche der über dreißigtausend Bewerber einer Selbsteinschätzung unterziehen. Alle, die nach eigenem Bekennen «ängstlich und verzagt» seien, seien auszumustern. Danach habe der Feldherr das Verhalten der übrigen Prüflinge unter die Lupe zu nehmen. Zu diesem Zweck sollen sie zum Fluss geführt und dort beim Trinken beobachtet werden. Wer das Wasser aus der Hand leckt «wie ein Hund» oder niederkniet, um zu trinken, sei tauglich. Diejenigen, die sich ihrer Hände nicht bedienten, seien hingegen heimzuschicken. Offenbar wurde das richtige Vorgehen gewählt, denn die 300 verbliebenen und somit als geeignet eingestuften Soldaten gewannen – so die biblische Erzählung – den Krieg tatsächlich.

Die durchaus berechtigten Zweifel, dass die hier verwendeten «Prüfungen» wenig mit den wirklich entscheidenden Fähigkeiten – im konkreten Fall wahrscheinlich Mut, Entschlossenheit, Kampftechnik – zu tun haben, leiten zu den

Grundgedanken der AC-Methode über. Diese sind wiederum beim Militär zu finden.

Wer im 19. Jahrhundert in Deutschland Offizier werden wollte, musste aus einer adligen Familie stammen und über genügend finanzielle Mittel verfügen, um das Offizierspatent und die Offiziersuniform erwerben zu können. Etwa ab 1920 wurden diese Kriterien von den Verantwortlichen der damaligen Deutschen Reichswehr in Frage gestellt. Schließlich standen mit der damals herkömmlichen Methode viele potenzielle Kandidaten gar nicht erst zur Auswahl, und die erwähnten Kriterien hingen herzlich wenig mit der erfolgreichen Ausübung einer Führungsaufgabe im Militär zusammen. Nach dem Ersten Weltkrieg wollte man deshalb die Offiziersauswahl demokratisieren und allen sozialen Schichten den Zugang zur Offizierslaufbahn ermöglichen. So wurde ein Verfahren entwickelt, welches die Herausforderungen, denen sich ein Offizier zu stellen hatte, möglichst gut abbildete. Zwar mussten die Kandidaten weiterhin von ihrem Vorgesetzten als geeignet vorgeschlagen werden, doch danach hatten sie eine dreitägige Offiziersprüfstelle zu durchlaufen. Hier warteten diverse Aufgaben auf sie, von denen einige noch heute regelmäßig im Rahmen von Assessment-Centern eingesetzt werden: Arbeitsproben, mit denen damals wichtige Führungssituationen eines Offiziers zwecks Handlungs- und Ausdrucksanalyse simuliert wurden; führerlose Gruppendiskussionen sowie der sogenannte Postkorb, bei dem verschiedene Pendenzen in einer sinnvollen Reihenfolge erledigt werden sollten. Die Daten, die zu jedem Kandidaten erhoben wurden, ergänzte man mit Intelligenz-, Einstellungs- und Persönlichkeitstests zur «Geistesanalyse», einer Begutachtung des Lebenslaufs sowie einem Interview. Erst die Auswertung aller Informationen zu einem Anwärter führte zur Entscheidung, ob dieser zur Offiziersausbildung zugelassen wurde oder nicht. Ein derartiger Einbezug vieler verschiedener Bausteine zur möglichst ganzheitlichen Messung wichtiger Persönlichkeitsmerkmale war ausgesprochen innovativ. Eine weitere wesentliche Neuerung war die Einführung von Beurteilerteams, gebildet aus mehreren Psychologen, Truppenoffizieren, einem Sanitätsoffizier – heute würde man ihn wohl als Psychiater bezeichnen – sowie dem verantwortlichen Leiter der Offiziersprüfstelle.

So plötzlich dieses Auswahlprozedere für Offiziere der Deutschen Reichswehr eingeführt worden war, so rasch wurde es noch vor Ende des Zweiten Weltkriegs wieder aufgegeben. Der politischen Führung des Dritten Reichs war das Konzept der Selektion von Offizieren nach möglichst objektiven psychologischen Merkmalen offenbar ein Dorn im Auge, stand doch für sie die politische Gesinnung im Vordergrund.

Die Idee der Offiziersprüfstelle wurde jedoch weitergetragen. In Berlin stationierte Militärattachés exportierten sie nach Großbritannien. So wurden ab 1942 englische Offiziere mit Hilfe des einst in Deutschland entwickelten Verfahrens auf ihre Eignung getestet. Daraufhin verbreitete sich die Methode in den Staaten des damaligen Commonwealth (Australien, Indien, Kanada, Mittlerer Osten) und in den USA. Dort wurde sie zuerst von Geheimdiensten angewandt, bevor auch die US-amerikanische Armee einen Teil ihrer Führungskräfte auf diese Weise auswählte. Seinen Namen soll das AC schließlich einem Geheimdienstpsychologen der Harvard Universität zu verdanken haben, der das praxisnahe psychologische Testverfahren einsetzte, um potenzielle Spione für die Vorläuferinstitution der heutigen CIA zu evaluieren.

Nach Kriegsende wechselten einige Wissenschaftler vom Geheimdienst oder vom Militär an Universitäten oder in die Privatwirtschaft. Dort wurde das AC zunächst probehalber eingesetzt, um seine Aussagekraft im Hinblick auf späteren Erfolg in der betreffenden Tätigkeit zu erforschen. Das bekannteste Beispiel dafür ist die 1956 gestartete und acht Jahre später publizierte Management-Progress-Studie der *American Telephone and Telegraph Corporation (AT&T)*. Diese Untersuchung konnte für mehr als 400 Nachwuchsführungskräfte eine hohe Übereinstimmung zwischen den mit Hilfe des AC ermittelten Prognosen und deren beruflicher Entwicklung sechs Jahre später nachweisen. Insbesondere ermöglichte das AC eine bessere Vorhersage des Aufstiegs der getesteten Personen als die anderen damals gebräuchlichen Auswahlverfahren. Das war für die Verantwortlichen von AT & T Grund genug, die AC-Methode nicht mehr aus Forschungsinteresse, sondern zur tatsächlichen Personalauswahl einzusetzen. Trotz dieser überzeugenden Argumente zu Gunsten des AC dauerte es eine ganze Weile, bis es sich im zivilen Umfeld etablieren konnte. Noch im Jahre 1969 machten in den USA lediglich zwölf Organisationen regelmäßig und systematisch davon Gebrauch.

Den Weg zurück in den deutschsprachigen Raum fand das AC in der Zentrale von IBM Deutschland, wo es auf Empfehlung des Chefpsychologen des amerikanischen Mutterkonzerns Ende der Sechzigerjahre erstmals durchgeführt wurde. Doch auch in seinem eigentlichen Herkunftsland benötigte das Verfahren fast zehn Jahre, bevor es sich als zuverlässige Entscheidungsgrundlage für die Personalauswahl durchsetzte. Zur selben Zeit bildeten sich in der Praxis Gruppen von Arbeits- und Organisationspsychologen zwecks gegenseitigen Erfahrungsaustauschs. Zum ersten AC-Kongress im Jahr 1979 fanden sich 100 Interessenten ein, 1985 waren es bereits mehr als 2000. Die Gründung des heute mehr als 130 Unternehmen umfassenden «Arbeitskreis AC – Forum für Personalauswahl und -entwicklung» im Jahr 1977 kann ebenfalls als wichtiger Meilenstein bezeichnet werden.

Auch in der Schweiz bedienten sich seit Anfang der Siebzigerjahre namhafte Unternehmen der AC-Methode zur gezielten Personalauswahl und -entwicklung. Das Bestreben der AC-Anwender, die Qualität ihres Verfahrens stetig zu verbessern, äußerte sich unter anderem in der Bildung einer vorerst informellen Gruppierung, in der aktuelles Know-how ausgetauscht und diskutiert wurde. 2006 entstand aus dieser Interessensgemeinschaft ein Verein. Unter der Bezeichnung «Arbeitskreis AC Schweiz» verfolgen seine Mitglieder das Ziel, dass sich die als AC bezeichneten Selektions- und Personalentwicklungsverfahren an wissenschaftlich anerkannten Standards orientieren, womit die qualitative Weiterentwicklung der AC-Methode und des individuellen Wissens der AC-Anwender einhergehen sollen.

So erfreulich die nach wie vor steigende Popularität dieses Verfahrens ist, damit verbunden ist die Gefahr der Verwässerung beziehungsweise der unreflektierten Verwendung des Begriffs «Assessment-Center». Nicht selten ist auch nur vom Assessment die Rede. Dazu ist zu sagen, dass Assessment einfach das englische Wort für «Beurteilung, Bewertung, Einschätzung» ist und folglich für jegliche Art von Beurteilungsverfahren steht. Das kann ein Interview, ein Persönlichkeitstest, eine

Arbeitsprobe oder irgendein Instrument sein, mit dessen Hilfe eine Beurteilung vorgenommen wird. So wie in einem Shopping-Center verschiedene Läden unter einem Dach zu finden sind, ist kennzeichnend für Assessment-Center, dass verschiedene Instrumente im Rahmen eines Gesamtverfahrens zusammengenommen und vom Kandidaten durchlaufen werden. Im schlimmsten Fall dient «Assessment» als Etikett, um ein mangelhaft konstruiertes Beurteilungsinstrument oder eine mehr oder weniger wahllos zusammengestellte Testbatterie in einem besseren Licht erscheinen zu lassen. Angesichts solcher Entwicklung ist in der Fachliteratur mitunter von einer «Spielwiese für Laien» die Rede gewesen. Die Bestrebungen, die Qualität des AC so hoch wie möglich zu halten, kommen also nicht von ungefähr. Im Vordergrund sollen dabei stets die Getesteten stehen. Sie müssen sich in den Arbeitssimulationen exponieren und in den psychologischen Tests relevante Facetten ihrer Persönlichkeit offenlegen. Sie haben ein Anrecht darauf, ein faires und fundiertes sowie aus ihrer Sicht nachvollziehbares Feedback zu erhalten. Je näher dieses der Realität kommt, desto zutreffender sind die Personalentscheidungen, was letztlich wiederum der Unternehmung zugutekommt.

**Auf einen Blick**
Unter Assessment-Center versteht man eine Kombination unterschiedlicher Simulationen von realistischen Arbeitssituationen sowie meist auch psychologischer Tests zur Erfassung und Vorhersage der berufsbezogenen Leistungsfähigkeit von Personen. Die systematische Ver-

haltensbeobachtung ist ein zentrales Merkmal des Verfahrens, schriftliche Leistungs- und Persönlichkeitstests sowie Interviews dienen als Ergänzung, um ein möglichst vollständiges Bild der Getesteten zu erhalten. Die Ursprünge der AC-Methode reichen zurück zur Offiziersauswahl der Deutschen Reichswehr Anfang des 20. Jahrhunderts. Im angelsächsischen Raum fand das Verfahren dann den Weg ins privatwirtschaftliche Umfeld. Um 1970 fasste es auch wieder im deutschsprachigen Raum Fuß. Das AC wird einerseits zur Auswahl geeigneter Mitarbeiterinnen und Mitarbeiter vornehmlich mit Blick auf eine Kaderposition eingesetzt; andererseits dient es immer häufiger zur Potenzialerfassung, um die Laufbahnentwicklung gezielter steuern zu können.

## 2. Womit im Assessment-Center zu rechnen ist

*Der erste Überblick über die Prinzipien der AC-Methode hat bereits deutlich gemacht, dass man sich als Kandidat vor allem in sozialen Situationen bewegen und bewähren muss. Einige Kolleginnen und Kollegen von Herrn M. haben schon Erfahrung mit AC und erzählen ihm von «lustigen» Übungen, die teilweise wohl der Erlebnispädagogik entliehen wurden. Herr M. fragt sich, was es mit seiner angestrebten Funktion zu tun haben soll, wenn man in der Gruppe einen möglichst hohen Turm aus Papier bauen oder einen anderen Teilnehmer, dessen Augen verbunden sind, über einen Parcours führen muss. Da kommen für ihn die Berichte über Gruppendiskussionen, die ein Unternehmensprojekt zum Inhalt haben, oder über schwierige Mitarbeitergespräche doch viel näher an die Realität heran. Allerdings bleibt die Frage offen, wie und auf Grund welcher Hinweise dabei sein Kaderpotenzial verlässlich erfasst werden kann. Auch fürchtet er sich ein wenig davor, sich allzu sehr exponieren zu müssen und allenfalls Dinge von sich preiszugeben, die «gegen ihn» verwendet werden könnten. Kurz: Herr M. will unbedingt mehr über die Konstruktion des AC erfahren – einerseits, um später sicherzugehen, dass die erhobenen Merkmale wirklich in Verbindung mit der angestrebten Position und der Unternehmenskultur stehen, andererseits, um eine Grundlage für die gezielte Vorbereitung zu schaffen.*

## Beurteilungskriterien und Übungen

Erfahrungsgemäß ist es nicht allzu schwierig, einen Aufgabenmix aus Präsentationen, Diskussionen und Rollenspielen zusammenzustellen und die Kandidatinnen und Kandidaten mit diesen Situationen zu konfrontieren. Dabei wird man zweifellos einige interessante Verhaltensweisen beobachten und bewerten können. Die Frage stellt sich nur, ob diese Einschätzungen in Zusammenhang mit dem Erfolg in der Zieltätigkeit stehen. Deshalb gehört es zu den wesentlichen Qualitätsmerkmalen eines AC, dass der erste Schritt bei der Entwicklung des Verfahrens aus einer systematischen Anforderungsanalyse besteht. Entscheidet sich also ein Unternehmen, im Rahmen eines bestimmten Selektions- oder Personalentwicklungsprozesses die AC-Methode anzuwenden, ist das AC «von der Stange» keine ratsame Option. Vielmehr gilt es die erfolgsrelevanten Merkmale des betreffenden Tätigkeitsbereichs festzustellen und danach die einzelnen AC-Elemente maßgeschneidert zu entwickeln.

### Anforderungsanalyse

Selbstverständlich werden für eine solche Anforderungsanalyse bereits bestehende Tätigkeitsbeschreibungen hinzugezogen. Relevante Informationen finden sich überdies in Stellenausschreibungen und Pflichtenheften. Um ein vertieftes Verständnis vom betreffenden Aufgabenbereich zu erhalten, holen AC-Entwickler auch gezielt Informationen von Stelleninhabern sowie deren Vorgesetzten ein. Dies geschieht häufig in Form strukturierter Interviews, die sich mehr oder weniger direkt auf die sogenannte *Critical Incidents Technique* stützen. Man fragt dabei nach realen Arbeitssituationen, die entweder einen besonders positiven oder negativen Ausgang nahmen. Vor allem will man wissen, welche Verhaltensweisen für Erfolg oder Misserfolg den Ausschlag gaben. Mit dieser Vorgehensweise erhält man eine umfassende Sammlung von Aspekten, die sich für die relevante Funktion offenbar als erfolgskritisch erweisen. Insbesondere wenn es um Führungspositionen geht, werden zudem Unterstellte in die Datenerhebung mit einbezogen. Sie sollen in diesem Fall Auskunft darüber geben, was den idealen Vorgesetzten für sie ausmacht und anhand welcher Merkmale sich jener von einem schlechten Chef unterscheidet. Je nachdem, wie viel Zeit und Ressourcen man in die Anforderungsanalyse zu investieren bereit ist, bestehen diese Verfahren aus mehreren Schritten und berücksichtigen mehrere Informationsquellen auf verschiedenen Hierarchiestufen. Grundsätzlich muss einfach sicher gestellt sein, dass die Planung, Durchführung und Auswertung der Informationssammlung stellenbezogen, durchdacht und nachvollziehbar geschieht.

Ist einmal bestimmt, welche Kompetenzen man vom Stelleninhaber erwartet, gilt zu entscheiden, auf welche Weise diese am sinnvollsten getestet werden können. Dabei spielen auch ökonomische Überlegungen eine wichtige Rolle. So lässt sich Fachwissen relativ einfach, effizient und kostengünstig mit passenden schriftlichen Prüfungen abfragen. Sofern die Abläufe nicht zu komplex sind, bieten sich auch für das Erfassen der fachspezifischen Methodenkompetenz standardisierte Verfahren an, die in kurzer Zeit mit mehreren Kandidaten gleichzeitig durchgeführt werden können. Erst wenn man anhand der Anforderungsanalyse zu dem Schluss kommt, dass für den Erfolg in der fraglichen Funktion persönliche und soziale Kompetenzen eine zentrale Rolle spielen, drängt sich das AC als geeignete Testmethode auf. Diese ist ziemlich zeit-, personal- und kostenaufwändig. Was das konkret heißt, lässt sich durch das Honorar veranschaulichen, das externe AC-Anbieter pro getestetem Kandidaten verlangen. Dieses bewegt sich je nach Branche und Hierarchiestufe zwischen 3000 und 10 000 Euro. Allerdings dürfte es kein anderes Verfahren geben, in dem soziales Verhalten derart gezielt und systematisch beobachtet und beurteilt werden kann.

Angesichts der bisherigen Ausführungen erstaunt es nicht, dass das AC in der Regel für die Auswahl von Führungskräften eingesetzt wird. Hier belaufen sich die Kosten für eine Fehlbesetzung oft auf mehrere Hunderttausend Euro. Zudem darf bei Anwärtern auf diese Posten eine gewisse Fachkompetenz vorausgesetzt werden, sodass der Fokus auf die in der Führungsfunktion mindestens genauso wichtigen sozialen Fähigkeiten gerichtet wird. Auch wenn in verschiedenen Unternehmungen eine unterschiedliche Führungskultur gepflegt wird, gibt es gewisse Merkmale des Führungshandelns respektive des sozialen Verhaltens, die sich überall als günstig respektive weniger günstig erweisen. Hinzu kommt, dass die AC-Methode zwar an Umfeld und Zielsetzung angepasst werden kann, das Grundmuster aber stets gleich bleibt. Folglich gibt es eine Sammlung von Beurteilungskriterien und Aufgabenstellungen, die in jedem AC zu erwarten sind.

### Typische Beurteilungsdimensionen im AC

Untersuchungen in den USA, in Deutschland und der Schweiz kommen übereinstimmend zu dem Schluss, dass *Kommunikation* in mehr als 90 Prozent aller AC ein relevantes Beurteilungsmerkmal ist. Hier geht es zum einen um die sprachliche Ausdrucksfähigkeit. Man sollte sich also präzise und verständlich äußern können. Auch wird darauf geachtet, dass man die Ausführungen mit angemessener Gestik und Mimik unterstützt. Zum anderen spielt diese Dimension betreffend natürlich auch die Fähigkeit des Zuhörens eine Rolle. In Gesprächen muss die Kandidatin oder der Kandidat unter Beweis stellen, dass sie oder er die Argumente des anderen aufgreifen und verarbeiten kann. Im deutschsprachigen Raum kommt als nächster wichtiger Punkt bereits das Durchsetzungsvermögen, was angesichts des Fokus auf die Kaderauswahl nicht erstaunt. Begrifflich etwas entschärft, spricht man häufig auch von *Beeinflussungsverhalten*. Ziel der Einflussnahme ist nicht primär, am Ende Recht zu behalten, sondern einen gehaltvollen Beitrag zur Aufgabenbewältigung und Zielerreichung in einer sozial angemessenen Art zu leisten. In vier von fünf AC spielt des Weiteren die *Fähigkeit zur Analyse* eine wichtige Rolle. Dies kann sich einerseits auf die Informationsverarbeitung beziehen, wo darauf geschaut wird, ob der Kandidat einen Sachverhalt erfassen, die bedeutenden Aspekte identifizieren und beispielsweise in bestimmten Planungs- und Organisationsaktivitäten umsetzen kann. Andererseits interessiert in diesem Zusammenhang oft auch die Kapazität, Probleme zu lösen. Hier will man nicht nur wissen, ob ein Kandidat eine Problematik angemessen erfasst, sondern auch, auf welche Weise er beispielsweise einen allfälligen Konflikt anpackt und zu entschärfen versucht. Meist erwartet man hier ein kooperatives, team- oder mitarbeiterorientiertes Vorgehen. Die dabei erhobene *Kooperationsfähigkeit* muss nicht im Widerspruch zum weiter oben erwähnten Durchsetzungs- oder Beeinflussungsverhalten gesehen werden.

Vielmehr widerspiegelt sich hier die Komplexität des Führungshandelns. Vorgesetzte müssen sich durchsetzen können, wenn es darum geht, Projekte voranzutreiben und Unternehmensziele konsequent zu verfolgen. Gleichzeitig sind Führungskräfte meist auch Mitglieder eines Teams, in dem man von ihnen kooperatives Verhalten verlangt. Auch weiß man, dass Vorgesetzte, die sich ausschließlich auf ihre fachliche und hierarchisch gegebene Kompetenz stützen, bei ihren Unterstellten nicht selten kontraproduktives Verhalten bewirken. Das führt zu einem weiterem Kriterium, das in vielen AC erfasst wird: *Initiative* oder *Engagement*. Gemeint ist damit das zielorientierte, engagierte Verhalten sowie die gezeigte Bereitschaft, einen Rückschlag zu verarbeiten und die Erfahrungen in die weiteren Handlungen mit einzubeziehen. Manchmal schwingt hier ferner noch die Fähigkeit mit, inwiefern die eigene Motivation auf andere ausstrahlt. Schließlich möchte man ja wissen, ob der Kandidat in der Führungsfunktion andere begeistern kann.

Selbstverständlich kann die Aufzählung und Erörterung von AC-Beurteilungsdimensionen nicht abschließend sein. Eine umfassende Studie des Arbeitskreises AC Schweiz listet 22 Beurteilungskriterien auf. Darunter finden sich allerdings viele, die in direktem inhaltlichen Zusammenhang mit einer der oben genannten Dimensionen stehen. Daneben werden auch solche genannt, die sehr allgemein gefasst sind, wie beispielsweise Führungskompetenz – und somit alles und nichts bedeuten können. Immerhin lässt sich festhalten, dass ein überschaubares inhaltliches Gerüst existiert, das in den allermeisten AC vorzufinden ist. Generell kann ein Teilnehmer damit rechnen, dass Aspekte der Kommunikation, der Analysefähigkeit, je nachdem verbunden mit Planungs- bzw. Problemlösekompetenzen, des Beeinflussungs- und Kooperationsverhaltens sowie des Engagements und der Zielorientierung beobachtet werden. Es wird also zum einen das zwischenmenschliche Verhalten unter die Lupe genommen, zum anderen zählen durchaus Aspekte der Leistungsorientierung sowie ganz konkrete Leistungen.

Ein AC ist so konstruiert, dass die entscheidenden Verhaltens- und Leistungsmerkmale in verschiedenen Testsituationen erfasst werden können. In der Regel ist diesbezüglich von sogenannten AC-Übungen die Rede. Dieser Begriff hat sich so eingebürgert, obwohl er den Sachverhalt nicht korrekt abbildet. Ein AC-Teilnehmer hat nämlich nicht die Gelegenheit, die von ihm verlangten Verhaltensweisen zu üben. Vielmehr sieht er sich bestimmten Aufgabenstellungen gegenüber, auf die er spontan oder nach begrenzter Vorbereitungszeit zu reagieren hat. Unabhängig davon, ob man nun von Übungen oder Aufgaben spricht, trifft man in der AC-Landschaft nicht auf unbegrenzt viele Varianten. Vielmehr gibt es eine Reihe typischer Übungen, mit denen ein Kandidat in der Regel rechnen kann und die nun nachfolgend beschrieben werden.

**Typische AC-Übungen**
Zieht man die Überblicksstudien aus den USA, Deutschland und der Schweiz in Betracht, so stellt man in Bezug auf die «Beliebtheit» der einzelnen Aufgabenstellungen gewisse Unterschiede fest. So gibt es in den USA kaum ein AC, das ohne den sogenannten Postkorb auskommt, während in Deutschland nur in knapp der Hälfte aller AC eine solche Übung durchgeführt wird. Nun könnte man annehmen, dass sich Führungs-

kräfte in Nordamerika offenbar in anderen Bereichen zu bewähren haben als ihre deutschen Kollegen. Viel eher dürfte aber ein Aspekt verantwortlich sein, der nicht direkt mit den spezifischen Anforderungen und Tätigkeiten zu tun hat. In den USA ist die «Rekursresistenz» und dadurch die Standardisierung des Verfahrens so wichtig, dass sie sich entsprechend auf die Gestaltung auswirkt. Das bedeutet, je eindeutiger man einem AC-Teilnehmer das Zustandekommen seiner Bewertung aufzeigen kann, desto weniger ist zu befürchten, dass man wegen unfairer Selektionsmethoden verklagt wird. Nun, für den Kandidaten, der in naher Zukunft ein AC zu absolvieren hat, stehen solche Dinge natürlich nicht im Mittelpunkt des Interesses.

Bedeutend wichtiger ist die Feststellung, dass im deutschsprachigen Raum die *Präsentation* ganz oben auf der Prioritätenliste steht und in neun von zehn AC eingesetzt wird. Natürlich gibt es diverse Varianten, die sich hinsichtlich Thema, Vorbereitungs- und Präsentationszeit, Einbettung ins Gesamtkonzept sowie Zielsetzung unterscheiden. Oft besteht zumindest ein Teil der Präsentation aus einer Vorstellung der eigenen Person. Verlangt werden häufig auch Stellungnahmen zu aktuellen Themen, die entweder von allgemeinem Interesse sind oder sich auf die betreffende Unternehmung beziehen. Wenn es darum geht, Informationen zur eigenen Person zu präsentieren, ist die Zeit für Vorbereitung und Präsentation knapp bemessen und der Kandidat gehalten, sich aufs Wesentliche zu beschränken. Gilt es, sich zu bestimmten Problemstellungen zu äußern, steht manchmal mehr Zeit zur Vorbereitung zur Verfügung. Mitunter erhalten die Kandidatinnen und Kandidaten sogar eine Dokumentation, auf die sie sich stützen dürfen oder wohl besser stützen sollen. Derartige Vorgaben erlauben es den Beobachtern abzuschätzen, inwiefern die Kandidatin oder der Kandidat fähig ist, die wesentlichen Informationen zu erfassen und umzusetzen. In solchen Fällen bleibt auch mehr Zeit für die Präsentation. Üblicherweise sind Kurzreferate auf fünf bis maximal zehn Minuten limitiert. Bei längeren Präsentationen kann es sein, dass der Teilnehmer eine Zeitspanne von fünfzehn bis maximal dreißig Minuten sinnvoll auszufüllen hat. Es ist logisch, dass Selbstpräsentationen meist zu Beginn des AC erfolgen. Stellungnahmen zu allgemeinen oder unternehmensspezifischen Themen können überall im Gesamtablauf platziert werden. Nicht selten wird eine Präsentation in direkten Zusammenhang mit einer anderen Übung gestellt, beispielsweise im Anschluss an eine Fallstudie oder Diskussion, in der die Gruppe ein bestimmtes Konzept ausarbeiten musste. Dies führt nun als Letztes zu den möglichen Zielsetzungen dieser Übung. Meistens wird die Kandidatin aufgefordert, die Anwesenden von einem bestimmten Sachverhalt zu überzeugen – sei es vom eigenen Lösungsansatz für ein komplexes Problem, vom in der Gruppe ausgearbeiteten Konzept oder der persönlichen Meinung zu einem gesellschaftlichen Thema. Manchmal wird aber auch verlangt, dass der AC-Teilnehmer eine Problemstellung neutral ausleuchtet und nach Erörterung von Pro und Kontra zu einem für alle nachvollziehbaren Schluss kommt. Mit Blick auf die angestrebte Funktion lässt sich recht gut erraten, welche Art von Präsentation zu erwarten ist. Bezüglich einer Position im Bereich Verkauf und Marketing, dürfte es vor allem ums Überzeugen gehen. In einem stark von zwischenmenschlichen Kontakten geprägten Umfeld steht dagegen wohl eher die Übernahme verschiedener Standpunkte sowie die Nachvollziehbarkeit der dargelegten Meinung im Vordergrund.

Beinhaltet das Pflichtenheft der Zielposition auch Ausbildungstätigkeiten, kann es sein, dass in der Präsentation didaktisch-methodische Elemente gefordert werden.

Der Organisations- und Gestaltungsaufwand für die Präsentation ist verhältnismäßig gering. Auch lässt sich diese Übung rasch und einfach an aktuelle Gegebenheiten und Veränderungen im Unternehmensumfeld anpassen. Folglich ist anzunehmen, dass sich an der Popularität dieser Aufgabe in absehbarer Zeit nichts ändern wird. Dies im Gegensatz zur *Gruppendiskussion*, die auf Grund der Tatsache, dass sie sich schwer vereinheitlichen lässt, in der einschlägigen Literatur zunehmend kritisch beleuchtet wird. Nichtsdestotrotz beinhalten im deutschsprachigen Raum immer noch deutlich mehr als die Hälfte aller AC eine solche Übung. Auch hier gibt es verschiedene Übungsanlagen, von denen die «Führerlose Gruppendiskussion» sogar als AC-spezifische Erfindung bezeichnet werden kann. Dabei werden die Kandidaten in den meisten Fällen mit einer zweifachen Zielsetzung konfrontiert. Einerseits müssen sie ein persönliches Ergebnis anstreben und daher ihre Sicht der Dinge dezidiert in die Diskussion einbringen. Andererseits wird von ihnen erwartet, dass sie erkennbar zum Erreichen des Gruppenziels beitragen. Klassisch sind Problemstellungen, wie die Zuteilung der zur Verfügung stehenden Büros, die Koordination der Ferien übers Jahr hinweg oder das Aushandeln, wer welchen Dienstwagen übernehmen darf. Obwohl derartige Aufträge in heutigen AC nicht mehr allzu häufig vorkommen, zeigen sie anschaulich, worum es geht. So wäre es für einen Kandidaten nicht opportun, sich gleich zu Beginn der Diskussion mit der schlechtesten Lösung abzufinden. Er würde damit zwar rasch und wirksam einen Beitrag zur Erreichung des Gruppenziels leisten, die Assessoren würden es ihm aber mit Blick auf die angestrebte Kaderposition negativ anrechnen, dass er keinen Versuch unternommen hat, die anderen mit Argumenten und überzeugendem Auftreten zu beeinflussen. Genauso wenig erfolgversprechend wäre aber auch eine unnachgiebige Haltung, bei der man darauf beharren würde, sich keinesfalls mit dem zweitbesten Büro respektive Dienstwagen abfinden zu wollen, damit aber gleichzeitig das Erreichen der gemeinsamen Zielsetzung verhindern würde. Gerade bei der Führerlosen Gruppendiskussion gibt es auch Problemstellungen, die in einem fiktiven Umfeld angesiedelt sind. Man hat zum Beispiel gemeinsam eine gefährliche Wüstensafari zu planen. Ein bewährter Mitarbeiter ist kurzfristig ausgefallen und man muss auf der Basis der Beschreibung von einigen Kandidaten eine Auswahl treffen und dann mit den anderen Teammitgliedern abstimmen. Verschärft wird das Ganze insofern, als jeder der Ersatzkandidaten eine offenkundige Schwäche im persönlichen, sozialen oder fachlichen Bereich aufweist. Als Konsequenz dreht sich die Diskussion bald um Werte und persönliche Präferenzen.

Schließlich sei noch jene Übungsanlage erwähnt, bei der man sich bereits auf der Expedition befindet. Nach einem Fahrzeugdefekt ist die Gruppe herausgefordert, die nächsten Schritte zur Rettung zu beschließen oder zu entscheiden, auf welche Gegenstände man im Hinblick auf den unvermeidbaren längeren Fußmarsch verzichten will.

Heutzutage sind bei Führerlosen Gruppendiskussionen derart offensichtliche Problemstellungen wie auch Rollenvorgaben nicht mehr so verbreitet. Immer öfter müssen sich die Kandidaten im Vorfeld mit einem bestimmten Projekt auseinandersetzen und zumindest eine Projektskizze erarbeiten. Danach steigen sie beispielsweise mit einem eigenen Marketingkonzept in die Gruppendiskussion ein, an deren Ende das Team eine gemeinsame Vorstellung entwickelt haben sollte. Im Rahmen dieser Übungsanlage sehen die Assessoren gut, inwiefern die Kandidatin ihre eigenen Ideen in die Diskussion hat einbringen können und in welchem Maß sich ihre ursprüngliche Skizze im Gruppenresultat wiederfindet.

Eine im AC immer noch recht oft angewandte Diskussionsform ist das Streitgespräch. Hier ist es so, dass einem entweder ein bestimmtes Thema zugewiesen wird oder man zuerst in der Gruppe über den Diskussionsinhalt zu beschließen hat. In der Folge nimmt eine Partei die Pro- und die andere eine Kontra-Haltung ein. Mit Argumenten, Begründungen und sichtlichem Engagement soll dann die Gegenpartei von der eigenen Meinung überzeugt werden. Im Unterschied zur Führerlosen Gruppendiskussion muss man in der Regel am Ende kein Resultat vorweisen. Vielmehr geht es darum, sich als Person in die Diskussion einzubringen, gut begründete Argumente bereit zu halten und auf die Voten der anderen reagieren zu können.

Wie bereits erwähnt, ist die Diskussionsübung in AC-Kreisen nicht mehr unumstritten. Ihr Verlauf hängt nämlich stark von der Gruppenzusammensetzung ab. So kann sich unter Umständen ein Kandidat beklagen, dass er ausgerechnet in eine Gruppe mit mehreren Alpha-Tieren geraten und deswegen nicht zum Zug gekommen sei. Dem lässt sich entgegensetzen, dass ihm dies im Berufsalltag auch passieren kann – insbesondere auf der von ihm angestrebten Hierarchiestufe. Tatsache ist aber, dass die AC-Verantwortlichen nur den Übungsbeginn unter Kontrolle haben. Der weitere Verlauf hängt von der spezifischen Gruppe und der sich entwickelnden Gruppendynamik ab. Fairness unter dem Gesichtspunkt der gleichen Verhältnisse für alle kann somit nicht vollumfänglich gewährleistet werden. Zwar wird die Gruppendiskussion deshalb zunehmend in Frage gestellt, sie ist aber unter den typischen AC-Aufgaben die einzige echte Gruppenübung und deshalb nach wie vor Bestandteil der meisten Gruppen-AC.

Gemäß einer aktuellen Studie des Arbeitskreises AC Deutschland kommt in 70 Prozent der AC ein sogenanntes *Zweiergespräch* vor. Meistens bedeutet das für die Kandidaten, dass sie ein schwieriges Mitarbeitergespräch führen müssen, in dem ein Moderator oder ein professioneller Schauspieler den Gesprächspartner mimt. Die Auswahl möglicher Inhalte ist natürlich abhängig von Zielfunktion und Unternehmenskultur und entsprechend breit gefächert. Grundsätzlich kann davon ausgegangen werden, dass der andere mit einer für ihn ungünstigen Nachricht konfrontiert wird und überzeugt werden soll, etwas zu tun, für das er folglich nicht von sich aus motiviert ist. Das kann ein Wechsel des Arbeitsplatzes sein, die Übernahme einer wenig attraktiven Aufgabe oder das Mitwirken in einem bestimmten Team. Die Rollenspieler haben zum einen deshalb klare Verhaltens- und Argumentationsvorgaben, damit alle Teilnehmer auf eine vergleichbare Situation treffen. Zum anderen ist auf diese Weise sichergestellt, dass sie über genügend Diskussionsstoff verfügen, um den Kandidaten während der gesamten Gesprächszeit herauszufordern. Ähnlich wie in der Führerlosen Gruppendiskussion muss der Teilnehmer nicht nur eine Zielsetzung verfolgen, sondern sollte sich außerdem in der Lage zeigen, die Problemlösung spürbar anzustreben, ohne sein Gegenüber mit dessen Ansichten und Bedürfnissen zu übergehen.

Ähnlich verbreitet wie das Konfliktgespräch ist eine weitere Zweiersituation, das *Interview*. Je nachdem verfolgen die AC-Verantwortlichen damit unterschiedliche Ziele. Es kann sein, dass das Interview in Form eines Bewerbungsgesprächs stattfindet – mit der Besonderheit, dass der Kandidat noch von weiteren Assessoren beobachtet wird. Das heißt, der Linienvorgesetzte stellt Fragen zu den Beweggründen, aus denen heraus man die betreffende Position übernehmen möchte, nach den Kompetenzen, auf Grund derer man meint, der geeignete Anwärter zu sein, und allenfalls nach konkreten Tätigkeiten und Ergebnissen, bei denen man die geforderten Fähigkeiten bisher schon hat unter Beweis stellen können. Denkbar ist überdies, dass man als Kandidat zu Fachfragen Stellung nehmen muss. Hier sollte man zusätzlich damit rechnen, dass einige Fragen absichtlich über die vorhandenen Kenntnisse hinausgehen. Damit will man herausfinden, ob der AC-Teilnehmer auch ohne spezifisches Wissen und entsprechende Erfahrung sinnvolle Gedankengänge und Lösungsansätze zu entwickeln vermag. Schließlich wird das Interview mitunter eingesetzt, um bestimmte Aspekte der Persönlichkeit auszuloten. Motivation, Durchhaltevermögen und Zielstrebigkeit gehören zu den beliebtesten Themen. Allenfalls wurden diese im Rahmen des AC bereits mit Persönlichkeitstests erfasst. Das Interview hat dann den Zweck, das entsprechende Profil zu erörtern, es mit konkreten Beispielen zu illustrieren und so noch besser abzustützen.

Eine Übung, die in eine Präsentation, eine Diskussion oder ein Interview münden kann, ist die *Fallstudie*. Sie gelangt gemäß Auskunft von AC-Anwendern im deutschsprachigen Raum in knapp 70 Prozent aller AC zur Anwendung. Hier ist es so, dass der Kandidat mehr oder weniger ausführliche Angaben zu einem Problem erhält. Dieses kann zwischenmenschlicher oder fachlicher Natur sein. Stehen eher soziale Aspekte im Vordergrund, dürfte auf die Analyse der Problemstellung ein Rollenspiel oder ein Interview folgen. Geht es um eine sachliche Angelegenheit, hat man die Ergebnisse der persönlichen Beschäftigung mit dem Thema meist in einer Gruppendiskussion, einer Präsentation oder einem Interview auf die Probe zu stellen. Getestet wird dabei, ob der Teilnehmer das Problem in seiner ganzen Tiefe und Breite erfasst, mögliche Konflikte und Spannungsfelder identifiziert hat sowie sinnvolle Konsequenzen und konkrete Lösungsansätze abzuleiten imstande ist. Kurz- und langfristige Folgen sollen dabei genauso abgeschätzt werden wie die Reaktionen betroffener Personen. Wie beim Interview ist es auch hier gut möglich, dass die Aufgabenstellung absichtlich außerhalb des Wissens- und Erfahrungsbereichs der Kandidatin angesiedelt ist. Der Umgang mit ungewohnten Situationen ist im sich rasch wandelnden Arbeitsumfeld immer wichtiger geworden. Zudem ist die Verwendung solcher Themen insofern fair, als alle Kandidaten die gleiche Ausgangslage antreffen und niemand von einem allfälligen Wissens- oder Erfahrungsvorsprung profitieren kann.

Die Analyse von Informationen und die angemessene Reaktion darauf sind auch beim sogenannten *Postkorb* gefragt. Das ist eine der klassischen AC-Übungen, denn sie tauchte in der Personalauswahl tatsächlich erst im Zusammenhang mit diesem Verfahren auf. Was die Verbreitung betrifft, so rangiert der Postkorb allerdings deutlich hinter den oben erwähnten Aufgaben. Die Wahrscheinlichkeit, in einem AC in der Schweiz oder in Deutschland mit einer solchen Problemstellung konfrontiert zu werden, dürfte etwa bei 50 Prozent liegen. Die Zurückhaltung seitens der AC-Anwender hängt mit der aufwändigen Gestaltung und Auswertung zusammen. Ein Postkorb besteht aus Informationen in Form von Briefen, Akten- und Telefonnotizen, E-Mails und weiteren Mitteilungen, die der Kandidat – zwischen zwei Geschäftsreisen – an seinem Arbeitsplatz vorfindet. Das heißt, dass ihm einerseits nur beschränkt Zeit zur Verfügung steht, die Informationen zu ordnen, zu gewichten und Maßnahmen zu ergreifen. Andererseits wird er nicht alles persönlich erledigen können, sondern die Aufgaben im Hinblick auf seine bevorstehende erneute Abwesenheit sinnvoll delegieren müssen. Das Dilemma aus Sicht des Teilnehmers wird dadurch komplettiert, dass nicht nur geschäftliche Dinge, sondern auch private Angelegenheiten organisiert werden müssen. So findet sich beispielsweise auf dem Anrufbeantworter eine Mitteilung der Ehegattin, die an den gleichentags stattfindenden Elternabend erinnert, was sich nicht mit der Vereinsversammlung oder dringenden Vorbereitungsarbeiten für einen bedeutenden Kundenanlass vereinbaren lässt. Vom Kandidaten wird erwartet, dass er alle Informationen verarbeitet, sinnvoll ordnet, gewichtet und sich schließlich ein kluges Vorgehen zurechtlegt, das eine zielgerichtete Erledigung der Pendenzen ermöglicht. Der Postkorb ist für viele AC-Kandidaten die stressigste Übung. Nicht selten ist sie so angelegt, dass sie der Kandidat gar nicht komplett bewältigen kann. Der Fokus ist in diesem Fall weniger auf die Vollständigkeit der Informationsverarbeitung als auf die nachvollziehbare Gewichtung sowie das Verhalten unter Stress gerichtet. Angesichts des beträchtlichen administrativen Aufwands, der für diese Aufgabe notwendig ist, erfreut sich der elektronische Postkorb bei den Anwendern immer größerer Beliebtheit. Bei dieser Version wird das Ganze am PC absolviert, was sich deutlich schlanker organisieren lässt als die Papiervariante. Vor allem erleichtert es die Auswertung erheblich, wobei das hundertprozentige Abarbeiten der Pendenzen stärker gewichtet werden dürfte. Unabhängig davon, ob der Postkorb am PC oder als der althergebrachte Papierkrieg durchgeführt wurde, erhält die Teilnehmerin nicht selten noch die Gelegenheit, ihre Vorgehensweise und ihre Entscheidungen zu begründen.

Ein weiterer AC-Bestandteil, mit dessen Hilfe die Informationsverarbeitungskompetenz von AC-Kandidaten beurteilt wird, sind *Leistungs-* oder *Fähigkeitstests,* der Teilnehmer würde sie wohl Intelligenztests nennen. Meistens beinhalten sie ein sprachliches Element, beispielsweise in Form von Textverständnisaufgaben, ein Element, in dem die Interpretation von Zahlen, Daten und Tabellen gefragt ist, und eventuell noch eines, in dem das räumliche Denken im Vordergrund steht. Sowohl gemäß der amerikanischen als auch der deutschen Studie werden solche Tests in etwa einem Drittel aller AC durchgeführt. Nur noch selten dürfte dabei die Papier-und-Bleistift-Variante zur Anwendung gelangen, in aller Regel werden diese Aufgaben am PC absolviert. Es versteht sich von selbst, dass es hier zu keiner sozialen Interaktion kommt und einzig die Leistung gemessen wird. Weil Ergebnisse von Intelligenztests unter anderem auch einen bedeutsamen Zusammenhang mit Berufserfolg aufweisen, ist davon auszugehen, dass derartige Tests im Rahmen von AC an Bedeutung gewinnen werden. Das wird umso nachvollziehbarer, wenn man in Betracht zieht, was mit *general mental ability* oder eben Intelligenz gemeint ist: zweckdienlich handeln, vernünftig denken und sich mit seiner Umgebung wirkungsvoll auseinandersetzen. Diese Merkmale können mit bewährten Tests einfach und objektiv erfasst werden, was eine willkommene Ergänzung zur Einschätzung von Verhaltensmerkmalen darstellt.

Deutlich umstrittener ist die Verwendung von *Persönlichkeitstests* im AC. Bei diesen Verfahren wird die Kandidatin aufgefordert, auf einem Bogen zu einer Vielzahl von Fragen zu ihrer Person Stellung zu nehmen. Üblicherweise muss sie zu bestimmten Aussagen wie «Wenn ich mir etwas vornehme, dann gelingt es meist» oder «Ich konkurriere gern mit anderen» eine persönliche Einschätzung auf einer Skala zwischen «trifft völlig zu» und «trifft überhaupt nicht zu» vornehmen. Je nach Persönlichkeitstest wird ein bestimmtes Merkmal ergründet. Die oben genannten Fragen zielen beispielsweise auf die Leistungsmotivation ab. Oder es werden Informationen zu eher allgemeinen, in der Regel aber berufsbezogenen Einstellungen erhoben. Das würde dann in etwa wie folgt aussehen: «Ich grüble nicht lange über persönliche Probleme nach» oder «Meine Arbeit stellt mich vor allem dann zufrieden, wenn ich nicht auf die Unterstützung anderer angewiesen bin». Problematisch im Kontext des AC ist, dass es sich bei Fragebogenverfahren um reine Selbsteinschätzungen handelt. Der Teilnehmer wird sich unweigerlich einen Reim darauf zu bilden versuchen, welche Antworten ein günstiges Licht auf ihn werfen dürften, und geneigt sein, den Fragebogen eher «taktisch» denn selbstkritisch ehrlich auszufüllen. Tatsache ist indes, dass solche Instrumente am Ende einer aufwändigen wissenschaftlichen Entwicklung stehen und nicht so leicht zu durchschauen sind, wie der Kandidat denkt. Für den ehrlichen Teilnehmer ist die Bewertung dann oft erstaunlich zutreffend und differenziert. Nichtsdestotrotz kann das Resultat eines Persönlichkeitstests nicht in gleicher Weise wie die systematisch nach dem Mehraugenprinzip vorgenommenen Verhaltensbeurteilungen und die objektiv erfassten Ergebnisse aus den Leistungstests interpretiert werden. AC-Anwender, die nicht auf Informationen verzichten möchten, die durch Persönlichkeitsinventare erhoben wurden, lassen das ermittelte Profil oft im Rahmen eines Interviews nochmals erörtern.

Bei der Beschreibung der Beurteilungsdimensionen wurde abschließend erwähnt, dass es im AC generell um die systematische Erfassung von Verhalten und Leistung geht. Diese beiden Aspekte kommen in den aufgeführten AC-Übungen in unterschiedlichem Ausmaß zum Tragen. Während insbesondere in der Gruppendiskussion, dem Rollenspiel und teilweise auch der Präsentation das soziale Verhalten zählt, steht bei der Fallstudie, dem Postkorb und natürlich besonders bei den Intelligenztests die Leistung im Vordergrund. Demzufolge ist es auch nicht verwunderlich, dass man sich mit den Persönlichkeitstests eher schwertut; erfassen sie doch beides, Verhalten und Leistung, bestenfalls indirekt.

**Die «Provokation» des relevanten Verhaltens**
Die Systematik der AC-Methode ist der Werkzeugkasten, der die Beurteilungsdimensionen und Übungen als Werkzeuge bereithält. Der beste Schraubenzieher ist aber nur ein ungenügendes Hilfsmittel, wenn man damit einen Nagel einschlagen will. Es geht also darum, die vorhandenen Instrumente zielgerichtet einzusetzen. Die Anforderungsanalyse ist eine unerlässliche Grundlage dafür. Im übertragenen Sinne weiß man dann, was man bauen will. Mit dieser klaren Vorstellung vor Augen können die vorhandenen Instrumente profunde und bisweilen kre-

ativ eingesetzt werden. In Bezug auf das AC heißt das, die
Übungen mit bedeutenden und unternehmensspezifischen Inhalten zu «füllen» und allenfalls mit zweckmäßigen Kombinationen ein praxisnahes, der realen Tätigkeit ähnelndes Szenario zu schaffen. Konkret kann sich das zum Beispiel so darstellen, dass das Ergebnis aus einer individuell vorgenommenen Fallanalyse anschließend in der Gruppe diskutiert und dann präsentiert wird.

Für den Teilnehmer ist allerdings die Zuordnung von Beurteilungsdimensionen zu Übungen von größerem Interesse, möchte er sich doch einigermaßen einen Reim darauf bilden können, was im Rahmen der einzelnen Aufgabenstellungen denn überhaupt beurteilt wird. Wenn der geneigte Leser und die geneigte Leserin nach Lektüre der obigen Abschnitte in der Lage sind, die betreffenden Schlüsse selbst zu ziehen, dann wäre die Zielsetzung dieses Kapitels sicherlich erfüllt. Dennoch sollen hier noch einige Informationen zu diesem Sachverhalt nachgeliefert werden.

Wichtig ist, zu wissen, dass in den einzelnen Übungen nie alle Beurteilungskriterien gleichzeitig erfasst und bewertet werden. Seriöse AC-Anbieter setzen die Teilnehmer normalerweise darüber in Kenntnis, welche Dimensionen in welchen Aufgabenstellungen beurteilungsrelevant sind. In Bezug auf die Präsentationsübung ist es nahe liegend, dass das Kommunikationsverhalten genau beobachtet wird. Dabei orientieren sich die Assessoren an Merkmalen wie der angemessenen Lautstärke, flüssigen Formulierungen, kluger Wortwahl sowie an der Gestik und Mimik. Des Weiteren ermöglicht es die Präsentationsaufgabe, die Analysefähigkeit einzuschätzen. Im Fokus der Beobachter steht dabei, ob die Kandidatin das Thema mit seinen relevanten Aspekten erfasst hat, Zusammenhänge erkennt, Prioritäten setzt, Vor- und Nachteile identifiziert, bei der Argumentation strukturiert vorgeht und ein nachvollziehbares Urteil darlegen kann. In einer Gruppendiskussion können natürlich ebenfalls Elemente des Kommunikationsverhaltens beobachtet werden, allerdings ist der Teilnehmer nicht mehr nur noch «Sender», sondern auch «Empfänger». Das heißt, man will zusätzlich sehen, inwiefern er aktiv zuhören und auf die Argumente anderer eingehen kann. Daneben steht im betreffenden Kontext vor allem das Durchsetzungsvermögen im Fokus. Es wird ein Augenmerk darauf gerichtet, in welchem Maß der Sinn der vorgebrachten Anliegen bei den anderen Diskussionsteilnehmern ankommt, die Impulse von der Gruppe aufgenommen werden und ein positiver Beitrag zur gemeinsamen Zielerreichung geleistet wird. Hier schwingen übrigens nicht selten Faktoren der Kooperationsfähigkeit mit. Das Spannungsfeld zwischen Durchsetzung und Kooperation kommt ebenfalls im schwierigen Mitarbeitergespräch zum Tragen. Ist das AC auf eine Kaderposition ausgerichtet, dürfte das Gewicht eher auf dem Beeinflussungsverhalten liegen. Überdies ermöglichen insbesondere längere Diskussionen oder Rollenspiele Rückschlüsse auf das Engagement des AC-Kandidaten. So wird er im Zweiergespräch wiederholt mit Gegenargumenten konfrontiert und generell durch die unnachgiebige Haltung des anderen herausgefordert. Dadurch zeigt sich, ob der Teilnehmer trotz allem beharrlich bleibt, im Hinblick auf seine Ziele Eigeninitiative zeigt und mit Rückschlägen umgehen kann. Ähnliche Verhaltensmerkmale erfasst man in der Postkorbübung, in der zudem die Informationsverarbeitung eine zentrale Beurteilungsdimension darstellt.

Diese Beispiele machen deutlich, wie hilfreich es für potenzielle Teilnehmerinnen und Teilnehmer ist, die Grundidee, die wesentlichen Elemente und die Konstruktion des AC zu kennen und zu verstehen. Mit diesem Wissen im Hinterkopf können die angetroffenen Situationen richtig eingeschätzt und mit der notwendigen Gelassenheit und Zuversicht in Angriff genommen werden.

> **Auf einen Blick**
> Am Beginn eines jeden AC sollte eine spezifische Anforderungsanalyse stehen. Hier wird systematisch festgelegt, welche Verhaltensweisen für den Erfolg in der fraglichen Funktion ausschlaggebend sind. Auf dieser Basis werden die relevanten Beurteilungskriterien definiert sowie die Übungen gestaltet, in denen später das betreffende Verhalten «provoziert» wird. Jedes AC orientiert sich also vom Inhalt her an der Zielsetzung seines Einsatzes und an den Gegebenheiten des Unternehmens. Das Grundmuster bleibt jedoch stets gleich. Daher sind bestimmte Beurteilungsdimensionen und Übungen in den meisten AC anzutreffen. Im deutschsprachigen Raum kann ein Teilnehmer damit rechnen, dass Aspekte der Kommunikation, der Analysefähigkeit, je nach dem verbunden mit Planungs- bzw. Problemlösekompetenzen, des Beeinflussungs- und Kooperationsverhaltens sowie der Initiative und Zielorientierung beobachtet und beurteilt werden. Die üblichen Aufgaben, in denen er das betreffende Verhalten zeigen sollte, sind Präsentation, Zweiergespräch, Fallstudie, Interview, Gruppendis-

kussion und Postkorb. Je nach Übung werden andere Beurteilungsdimensionen beachtet, im Verlauf eines AC sollte jedoch jede Dimension mehrmals bewertet worden sein. Ergänzend können schriftliche Testverfahren zur Messung relevanter kognitiver Leistungen bzw. Persönlichkeitsmerkmale zum Einsatz kommen. Diesen widmet sich das nächste Kapitel ausführlicher.

## 3. Tests im Assessment-Center

Von Kollegen, die schon an einem Assessment-Center teilgenommen haben, erfährt Herr M., dass oft unter anderem psychologische Tests eingesetzt werden. Abgesehen von der Tatsache, dass ihm solche Verfahren schon immer suspekt waren, fragt er sich, wie es wohl um deren Aussagekraft steht. Dass eine Fallstudie samt Präsentation mit der angestrebten Tätigkeit in Zusammenhang steht, hat er mittlerweile eingesehen. Was das Vervollständigen von Zahlenfolgen oder Figurenreihen sowie das Ankreuzen bestimmter Aussagen mit dem Berufsalltag zu tun haben, vermag er jedenfalls nicht auf Anhieb zu erkennen. Auch ist er unsicher, ob allenfalls gewisse Intelligenztests als versteckte «Killerfaktoren» dienen, um z. B. unbequeme Kandidaten elegant auszuscheiden. Schließlich hat er für eine andere Stelle schon einmal Persönlichkeitstests ausgefüllt und dabei den Eindruck gewonnen, dass man sich dort auf einfache Weise in ein günstiges Licht stellen konnte. Das sind ihm nun eindeutig zu viel Fragen, um sich unbefangen solchen Aufgabenstellungen widmen zu können. Damit er besser einschätzen kann, worauf er sich da einlässt, will er mehr über die Charakteristik von psychologischen Testinstrumenten in Erfahrung bringen.

## Möglichkeiten und Grenzen psychologischer Tests im AC

Wie im letzten Kapitel erwähnt wurde, zielen AC-Anforderungsprofile häufig auf die Erfassung von Verhalten und Leistung ab. Diese grobe Unterscheidung wird mit Bezugnahme auf die klassische Vierteilung beruflicher Handlungskompetenz weiter in Fachkompetenz, Sozialkompetenz, Methodenkompetenz und Selbstkompetenz aufgegliedert. Die Vielschichtigkeit des Kompetenzbegriffs mit seinen Bestandteilen Wissen (Kennen), Fähigkeiten und Fertigkeiten (Können) und Persönlichkeit (Wollen) verdeutlicht, warum Verfahrensvielfalt die Qualität guter Verfahren ausmacht: Um ein breites Spektrum unterschiedlicher Aspekte verlässlich erfassen zu können, wird ein breites Spektrum unterschiedlicher Messinstrumente benötigt. Das lässt sich mit einem Arztbesuch vergleichen, bei dem der Mediziner den Patienten zu seinen Beschwerden befragt und mehrere Messinstrumente einsetzt (z. B. Stethoskop, Ultraschall, Röntgengerät, EKG, Pulsmesser etc.), bevor er die Daten zu einer Diagnose verdichtet. Assessoren gewinnen ihre Erkenntnisse auf ähnlich vielfältige Art, wenn sie professionell arbeiten. Denn nicht alle Anforderungen an potenzielle Führungskräfte – insbesondere Persönlichkeitsmerkmale, aber auch Teile des (Fach-)Wissens – lassen sich gleichermaßen zuverlässig aus dem beobachteten Verhalten in AC-Übungen ableiten.

Deshalb werden jene Anforderungsbereiche oft mit zusätzlichen Instrumenten erfasst. Aktuelle Untersuchungen zeigen, dass in AC standardisierte psychologische Testverfahren im letzten Jahrzehnt eine Renaissance erleben und nahezu doppelt so häufig wie früher zum Einsatz kommen. Rund ein Drittel der befragten Unternehmen nutzte im Jahr 2008 derartige Testverfahren, meist in Form von Fragebögen, zur Vervollständigung des Kandidatenprofils. Diese Instrumente werden als «standardisiert» bezeichnet, weil sie den Testpersonen sowie den Assessoren klare, einheitliche Vorgaben machen: In aller Regel sind die Fragen und die Antwortmöglichkeiten sowie die Auswertung und Interpretation der Testergebnisse festgelegt.

**Worauf die Bewertung basiert**
Psychologische Tests können auf eine Vielzahl verschiedener Aspekte ausgerichtet sein. Einige erfassen die kognitive Leistungsfähigkeit der Kandidaten, andere deren Persönlichkeitsmerkmale, wieder andere messen ganz spezielle Fähigkeiten, wie beispielsweise technisches Verständnis oder (Fein-)Motorik.

Trotz unterschiedlicher Zielsetzungen weisen standardisierte psychologische Testverfahren Gemeinsamkeiten in ihrer prinzipiellen Funktionsweise auf. So basiert die Bewertung normalerweise auf Vergleichen der persönlichen Resultate der Teilnehmer mit den Ergebnissen anderer Personen. Um eine bestimmte Punktzahl richtig einordnen zu können, kommt es darauf an, einen Vergleich mit den «richtigen» Personen vorzunehmen, welche meist dasselbe Geschlecht sowie ein ähnliches Alter und eine vergleichbare Ausbildung wie der getestete Bewerber aufweisen. Diese Referenzgruppe, welche die Daten manchmal Tausender früherer Testpersonen beinhaltet, wird als *Normstichprobe* bezeichnet. Seriöse Instrumente beinhalten stets präzise Angaben zu den Normstichproben, was einen gezielten Einsatz und eine angemessene Auswertung des Tests zulässt. Es darf also beispielsweise nicht vorkommen, dass zur Auswahl für eine Ausbildung zur Bürokauffrau die Leistungen einer knapp 20-jährigen Schulabgängerin mit denen von Bürokaufleuten verglichen werden, die 30 Jahre und älter sind. Das Ergebnis wäre weder aussagekräftig noch fair, da die angehende Auszubildende der Vergleichsgruppe weder hinsichtlich der (Berufs-)Erfahrung noch in Bezug auf den Stand ihrer Persönlichkeitsentwicklung entsprechen dürfte. Hier zeigt sich, dass für den Einsatz, die Auswertung und die richtige Interpretation solcher Tests psychologische Expertise nötig ist. Nicht selten tun sich vor allem ökonomisch ausgebildete Personalverantwortliche schwer, mit den an sich sehr hilfreichen Ergebnissen etwas anzufangen.

Letzteres könnte ein Grund für die immer noch relativ zögerliche Nutzung psychologischer Tests sein. Manche Auftraggeber von AC haben darüber hinaus Bedenken, dass diese Verfahren von den Kandidatinnen und Kandidaten schlecht angenommen werden. In der Tat sind AC-Teilnehmer vom Einsatz standardisierter Testverfahren meist wenig begeistert. Sie erachten deren Aussagekraft als fragwürdig und befürchten, ungewollt etwas Ungünstiges über sich selbst preiszugeben. Diese Zweifel können größtenteils beseitigt werden, wenn man weiß, dass es hier nicht ums Kaffeesatzlesen geht. Vielmehr liegen seriösen Testverfahren sinnvolle und nachvollziehbare Überlegungen zu Grunde, die in der einschlägigen Literatur dargelegt und diskutiert werden. Vor diesem Hintergrund werden nun nachfolgend verschiedene Testarten, die häufig Bestandteil von AC sind, mit ihren Vor- und Nachteilen dargestellt.

**Intelligenztests, oder besser: Tests zur Messung der kognitiven Leistungsfähigkeit**

Der Begriff Intelligenz ist ein Gedankengebilde. Einfach gesagt sind damit die geistigen Grundvoraussetzungen gemeint, die man braucht, um Problemstellungen zu lösen. Es gibt noch keine einheitliche Definition, die sämtliche Aspekte angemessen berücksichtigt, aber teils sehr unterschiedliche Theorien zur Intelligenz, die für sich genommen plausibel erscheinen. Aktuell dominieren jene Ansätze, die davon ausgehen, dass es nicht die *eine* Intelligenz gibt (z. B. in Form eines feststehenden Intelligenzquotienten «IQ»). Stattdessen setzt sich dieses Merkmal menschlicher Leistungsfähigkeit aus vielen verschiedenen Bestandteilen zusammen. Von diesen wird angenommen, dass sie voneinander unabhängig sind. Demnach kann zum Beispiel eine Person gleichzeitig sehr gute Leistungen im Bereich der sprachlichen Intelligenz und unterdurchschnittliche Ergebnisse in der rechnerischen Leistungsfähigkeit erzielen.

Intelligenz weist über verschiedene Branchen, Positionen und Stellen einen starken Zusammenhang mit dem Berufserfolg auf. Wissenschaftliche Untersuchungen mit Daten aus der Praxis zeigen überdies den Erkenntnisgewinn auf, den Intelligenztests im Rahmen eines AC leisten: Die anhand der AC-Bewertung abgegebene Eignungsprognose fällt genauer aus, wenn nebst der klassischen Verhaltensbeurteilung auch standardisierte psychologische Leistungstests herangezogen werden.

Intelligenztests erfassen Aspekte der intellektuellen Leistungsfähigkeit der Teilnehmer entweder in (etwas veralteter) Form einer «generellen Grundintelligenz» – am bekanntesten ist der IQ – oder als Intelligenzprofil, das verschiedene Leistungsbereiche differenziert beschreibt. In verschiedenen Testab-

schnitten messen sie unter anderem folgende, voneinander weitgehend unabhängige Bereiche:
- Wissen,
- räumliches Vorstellungsvermögen,
- Merkfähigkeit,
- Verarbeitung sprachlicher Informationen,
- Verarbeitung numerischer Informationen,
- Abstraktionsvermögen,
- logisches Schlussfolgern,
- Wahrnehmungstempo.

Die Kandidaten bearbeiten entsprechend diverse Teiltests, die jeweils ein anderes Merkmal intellektueller Leistungsfähigkeit erfassen. In der Regel mit Zeitvorgabe müssen zunehmend schwierigere Aufgaben gelöst werden. Für jede richtige Antwort wird ein Punkt vergeben und am Ende die Anzahl korrekt gelöster Aufgaben gezählt. So können die individuellen Fähigkeiten des Kandidaten mit den Ergebnissen der übrigen Bevölkerung aus der bereits erläuterten Normstichprobe verglichen und interpretiert werden.

Gemäß Umfragen sowie spezifischen Studien sind besonders Instrumente, die als Ergebnis einen einzigen IQ-Wert ausgeben, weder bei AC-Auftraggebern noch bei Kandidaten besonders beliebt. Der IQ erscheint vielen wie ein Stempel, der die eigene Intelligenz auf immer und ewig festlegt. Skeptisch wird gefragt, welchen Einfluss man überhaupt auf seinen IQ habe, ob dieser also trainierbar oder angeboren sei. Hinzu kommt, dass dessen Messung häufig als unklar erlebt wird. Folglich werden Berechnung und Interpretation des Zahlenwerts in Frage gestellt.

Dabei ist die pure «Übersetzung» von IQ-Werten recht einfach: Erzielt eine Kandidatin einen Intelligenzquotienten von 100, dann bedeutet das, sie hat genau so viele Aufgaben korrekt gelöst wie der Durchschnitt der Bevölkerung. Etwa zwei Drittel aller Menschen erzielen bei IQ-Tests zwischen 85 und 115 Punkte, wobei niedrige Werte schwächeren Leistungen entsprechen. Als besonders intelligent gilt man erst dann, wenn man einen IQ von mindestens 130 Punkten aufweist. AC-Kandidaten, deren Leistungen im Durchschnittsbereich rangieren, können also davon ausgehen, dass ihnen aus der Intelligenztestung keine Nachteile für das Bestehen des AC erwachsen.

Allerdings lässt die Reduktion menschlicher Denkleistungen auf einen einzigen Wert keine aussagekräftige Interpretation zu. In diese abstrakte Punktzahl fließen nämlich unter anderem die oben aufgelisteten, inhaltlich unterschiedlichen Aspekte ein, die nach einer für die Getesteten nicht durchschaubaren Prozedur verrechnet und zum IQ verdichtet werden. Nun ist es aber ziemlich unwahrscheinlich, dass jemand in allen aufgezählten Bereichen gleich gute Resultate erzielt. Daher würden die individuellen Unterschiede durch einen einzigen IQ-Wert verschleiert werden.

Aus diesem Grund kommen heutzutage meist Intelligenzprofil- anstelle klassischer IQ-Tests zum Einsatz. Diese ermöglichen eine detaillierte Auswertung der Leistungen eines Kandidaten nach bestimmten Bereichen. So kann anhand eines Leistungsprofils die Übereinstimmung einzelner Fähigkeiten mit spezifischen Aufgaben der ausgeschriebenen Stelle aufgezeigt werden. Einzelne intellektuelle Stärken und Schwächen jedes Kandidaten können besser berücksichtigt und mit unterschiedlichem Gewicht in die Gesamteignungsprognose des AC aufgenommen werden. Von einem angehenden Pressesprecher wird man z. B. vor allem starke Leistungen in verbaler Intelligenz erwarten und der numerischen weniger große Bedeutung beimessen. Nach diesem Prinzip funktionieren auch die nachfolgend kurz umrissenen Instrumente, die zu den im deutschsprachigen Raum am weitesten verbreiteten Intelligenztests zählen.

Der *Intelligenz-Struktur-Test* (I-S-T 2000 R) erfasst schlussfolgerndes Denken und Wissen mit insgesamt 12 Einzeltests. Diese werden den Bereichen Merkfähigkeit sowie verbale(s), figurale(s) und numerische(s) Intelligenz resp. Wissen zugeordnet. Zu den Aufgabenstellungen gehören unter anderem Zahlenreihen, deren Muster erkannt und die dementsprechend fortgesetzt werden sollen, sowie Rechenaufgaben. Zudem müssen – neben einem Wissenstest – Sätze und Symbolfolgen logisch ergänzt und Synonyme gefunden werden. Die Ergebnisse werden in Form eines differenzierten Leistungsprofils ausgegeben, das auf einer aussagekräftigen Vergleichsstichprobe beruht.

Das *Leistungsprüfsystem* (LPS) misst folgende Bereiche der intellektuellen Fähigkeit: (aktiver und passiver) Wortschatz, rechnerisches Denken, räumliches Vorstellen, Wahrnehmungsgeschwindigkeit, logisches Schlussfolgern und Gedächtnis. Auch das LPS stellt die Testresultate als Profil dar, errechnet darüber hinaus aber auch einen Einzel-IQ-Wert.

Der *Berliner Intelligenzstruktur-Test* (BIS) erfasst vier handlungs- und drei inhaltsorientierte Fähigkeiten:

**Handlungsorientierte Aspekte:**
- Verarbeitungskapazität
- Bearbeitungsgeschwindigkeit

- Einfallsreichtum
- Merkfähigkeit

**Inhaltsorientierte Aspekte:**
- verbales Denken
- numerisches Denken
- figural-bildhaftes Denken

Den Durchschnitt aller aufgelisteten Fähigkeiten fasst man hier als allgemeine Intelligenz zusammen, die Einzelresultate werden ebenfalls in Profilform berücksichtigt.

Gut möglich, dass man als AC-Teilnehmerin mit einem Test konfrontiert wird, der eine andere Bezeichnung trägt. Auf dem Markt gibt es zahlreiche Testanbieter, die beispielsweise Instrumente für eine spezifische Sparte oder Hierarchieebene entwickelt haben. Es ist jedoch davon auszugehen, dass keiner dieser Tests völlig andere Elemente als die oben beschriebenen enthält.

Für die Entscheidung über Bestehen oder Nichtbestehen eines AC spielen Intelligenztests oft nur eine ergänzende Rolle. Sie tragen in erster Linie dazu bei, Personen mit deutlich verminderter Leistungsfähigkeit herauszufiltern. Solange ein Mindestmaß an kognitivem Potenzial erkennbar ist, haben AC-Teilnehmer keine negativen Konsequenzen zu fürchten. Es ist also nicht zwingend erforderlich, herausragende Intelligenzwerte zu erzielen, sondern es kommt eher darauf an, ein besonders schlechtes Abschneiden zu vermeiden. Das ist offenkundig wesentlich einfacher als Ersteres und dürfte vor allem die mentale Vorbereitung auf dieses AC-Element erleichtern. Am Wert kognitiver Leistungstests zur Vorhersage beruflicher Leistungen ändert diese Betrachtungsweise jedoch nichts. Aus wirtschaftlicher Perspektive ist ein Verzicht auf ihren Einsatz sogar kontraproduktiv, da Intelligenztests die mit AC-Verfahren getroffenen Entscheidungen – wie bereits erwähnt – deutlich verbessern.

Ein weiterer Aspekt, der mit standardisierten Leistungstests beurteilt wird, ist die Konzentration. Darunter versteht man die Ausrichtung der Aufmerksamkeit auf klar begrenzte Aufgaben. Diese Orientierung ist eine aktive Leistung der Person, die zielgerichtet und für einen festgelegten Zeitraum erbracht werden soll. Konzentrationstests erfassen folglich die Ausdauer, Belastbarkeit, Reaktionszeit und Genauigkeit der Teilnehmer während geistiger Tätigkeiten. Derartige Instrumente werden in der Personalauswahl nicht flächendeckend eingesetzt. Sie gelangen vor allem hinsichtlich sicherheitsrelevanter Berufe mit hoher kognitiver Belastung wie Pilot, Fluglotse oder Lokführer zur Anwendung.

Häufig werden *Konzentrationstests* als mindestens genauso anstrengend erlebt wie Intelligenztests. Trotzdem unterscheiden sich beide Testarten vor allem hinsichtlich der Aufgabenart deutlich voneinander: Konzentrationstests erfordern die Erledigung sehr einfacher Aufgaben. So soll verhindert werden, dass besonders intelligente Personen, die schwierigere Aufgaben besser lösen können, auch bei Konzentrationstests automatisch bessere Ergebnisse erzielen.

Beispielsweise verlangt das bekannte *«d2»-Verfahren* vom Teilnehmer «lediglich», innerhalb weniger Sekunden eine Buchstabenreihe – bestehend aus «b» und «d» – zu durchsuchen und diejenigen «d» zu finden, über oder unter denen zwei kleine Striche angebracht sind. Es erfordert Konzentration, nicht etwa «b» mit zwei Strichen oder «d» mit nur einem oder drei Strichen zu markieren. Bevor man das Ende der Reihe erreicht, ist die vorhandene Zeit meist schon abgelaufen, und man muss ohne Pause die nächste der insgesamt 14 Reihen absuchen.

Ein anderes Instrument – der *Konzentrations-Leistungstest* (KLT) – besteht aus einfachen Rechenaufgaben: Zwei untereinander stehende Reihen einstelliger Zahlen müssen zeilenweise addiert und die jeweilige (Zwischen-)Summe im Kopf behalten werden. Ist die Zwischensumme der oberen Reihe größer als die der unteren, müssen beide addiert werden. Im umgekehrten Fall wird gefordert, sie zu subtrahieren. Das Endergebnis wird auf dem Antwortblatt notiert. Auch diese Aufgabe ist im Prinzip nicht schwer, aber die Belastung des Gedächtnisses ist enorm: Neben den beiden Teilergebnissen muss man sich auch noch die Verrechnungsregeln merken. Und es versteht sich von selbst, dass schriftliche Notizen untersagt sind und die Bearbeitungszeit sehr begrenzt ist.

Ebenfalls von besonderem Interesse sind Tests, welche die Fähigkeit erfassen, mehrere Aufgabenstellungen ohne Qualitätseinbußen parallel zu bearbeiten beziehungsweise häufig zwischen diesen hin- und her zu wechseln. Um die aktuellen Entwicklungen der Arbeitswelt möglichst realistisch abzubilden, beinhalten derartige Tests zunehmend die Bearbeitung elektronischer Post bei gleichzeitig weiter eingehenden E-Mails sowie Telefonanrufen.

Die wahrgenommene Belastung bei der Bearbeitung von Konzentrationstests beruht im Vergleich zu Intelligenztests also darauf, dass sehr viele leichte Aufgaben in kurzer Zeit mit großer Genauigkeit bearbeitet werden müssen. Erholungspausen sind absichtlich knapp bemessen. Das Endresultat des Teilnehmers setzt sich aus Genauigkeit und Geschwindigkeit zusammen. Am schlechtesten schneiden langsame Personen ab, die dazu noch viele Fehler machen. Es kommt also darauf an, möglichst zügig und gleichzeitig genau zu arbeiten.

*Gedächtnistests* bilden eine weitere Kategorie der Leistungstests. Sie erfassen die Fähigkeit, Informationen kurz- oder mittelfristig speichern und wieder abrufen zu können. Häufig Bestandteil von Intelligenztestverfahren, unterscheiden sie sich unter anderem darin, auf welche Weise die zu memorierenden Informationen präsentiert und wie sie wieder abgerufen werden sollen.

Eine Möglichkeit ist, die Testteilnehmer eine oder mehrere auf Papier gedruckte Liste(n) mit unterschiedlichen Begriffen in einer festgelegten Zeit auswendig lernen zu lassen. Genauso gut kann die Liste vom Testleiter vorgelesen werden, was den Aufwand des sogenannten Arbeitsgedächtnisses gegenüber der ersten Variante deutlich erhöht. Das zu lernende Material kann alternativ auch Symbole oder Bilder enthalten. Häufig werden miteinander verknüpfte Informationen dargeboten und später erfragt. Zuweilen müssen die Testpersonen zwischen der Lern- und Abrufphase zusätzliche Aufgaben erledigen, die es ihnen erschweren, sich auf die im Kurzzeitgedächtnis abgelegten Informationen zu konzentrieren.

Im folgenden Beispiel werden Bewerberinnen aufgefordert, sich zahlreiche Personen-, Objekt- und Zeitangaben genau einzuprägen. Das sieht dann wie folgt aus:

Sandra – Brücke – 07:31 Uhr

Walter – Höhle – 07:23 Uhr

Erika – Wald – 17:19 Uhr

…

Sie haben dafür genau 60 Sekunden Zeit und dürfen sich keinerlei schriftliche Notizen machen. Im Anschluss daran werden

ihnen fünf Fragen folgenden Formats zu jeder der insgesamt zehn Listen à vier Personen, Objekte und Zeiten gestellt:
Frage 1: Welches Objekt erreichen Sie um 17:19 Uhr?
Frage 2: Welche Person befindet sich in der Höhle?
Frage 3: Wer befindet sich auf der Brücke?
Frage 4: Wie viel Zeit haben Sie, um von der Höhle zur Brücke zu gelangen?
Frage 5: Wen treffen Sie im Wald?

Dieser Gedächtnistest zeichnet sich durch die große Komplexität der Informationen aus. Die in kurzer Zeit auswendig gelernten Zahlen und Begriffe müssen dabei nicht einfach gespeichert, sondern verarbeitet und in einen Sinnzusammenhang gebracht werden. Denkbar ist zudem eine weniger strukturierte Variante, die vom Kandidaten verlangen würde, alle Informationen in der richtigen Kombination und Reihenfolge auf einem leeren Blatt zu notieren. Eine gezielte Verarbeitung der Inhalte wäre dafür nicht notwendig, vielmehr würde es sich hier um eine mehr oder weniger einfache Reproduktion der angeeigneten Informationen handeln.

Spezielle Leistungen – etwa fachspezifisches Wissen, Rechtschreib- und Mathematikfähigkeiten, technisches Verständnis oder (Fein-)Motorik – werden mit einer weiteren Klasse psychologischer Testverfahren erfasst.

Manchmal muss in Erfahrung gebracht werden, wie gut eine Person für Tätigkeiten geeignet ist, die eine präzise Koordination von Auge und Hand erfordern. Die dafür als notwendig erachtete Fähigkeit des räumlichen Vorstellungsvermögens wird bereits von vielen Intelligenztests erfasst. Allerdings liefern diese keine Informationen über die (fein-)motorische Leistungsfähigkeit der Teilnehmer. Derartiges wird besonders von Feinmechanikern (z. B. Uhrmacher, Goldschmied etc.), aber auch von Kranführern, Chirurgen oder Restauratoren zwingend verlangt. Die zu diesem Zweck eingesetzte *Drahtbiegeprobe* ist ein gutes Beispiel für einen speziellen Fähigkeitstest. Die Aufgabe besteht darin, als Fotografien vorgegebene Figuren aus einem Stück Draht möglichst präzise nachzubilden. Die Bildvorlagen liegen dabei zweidimensional vor, müssen aber in dreidimensionale Objekte übertragen werden.

Um möglichst aussagekräftige Ergebnisse zu erzielen, müssen die Kandidaten generell einheitliche Testbedingungen vorfinden. So entspricht es beispielsweise nicht der professionellen Praxis, wenn Tests zur Feststellung der geistigen Leistungsfähigkeit direkt im Anschluss an anstrengende Übungen oder Essenspausen durchgeführt werden. Eine Ausnahme bilden hier nur solche Testsituationen, die auf die Leistungsfähigkeit der Teilnehmer unter besonderer Belastung abzielen. Dies ist etwa bei der bereits erwähnten Auswahl von Personen für sicherheitsrelevante Tätigkeitsfelder der Fall. Im Normalfall steht jedoch die maximale Leistungsfähigkeit der Getesteten im Fokus, und die lässt sich nur unter optimalen Bedingungen abrufen.

Demzufolge sind äußere Störfaktoren entweder zu minimieren oder für alle Testteilnehmer gleich zu halten. Es widerspricht somit dem Qualitätsprinzip der objektiven Testdurchführung, wenn einige Kandidaten in einem Raum mit großer Lärmbelastung – etwa durch die Klimaanlage oder schlecht isolierte Fenster – arbeiten müssen, während andere in einem Nebenraum deutlich bessere Bedingungen vorfinden. Der Bewerber darf zudem erwarten, dass er den Test in seiner Muttersprache bearbeiten kann.

Dank des standardisierten Vorgehens, der Erfassung klar definierter Fähigkeiten und Kompetenzen sowie des Vergleichs mit einer vorgegebenen Norm erfassen Intelligenz- respektive Leistungstests objektive Daten. Diese stellen eine wertvolle Ergänzung zu den durch die Verhaltensbeobachtung vorgenommenen Bewertungen dar. Dies mag mit ein Grund für deren Renaissance unter den AC-Verantwortlichen sein. Aktuell dreht sich die Diskussion eher um den Sinn und Nutzen der Verwendung sogenannter Persönlichkeitstests. Diese werden zwar ebenfalls unter standardisierten Bedingungen durchgeführt und die Ergebnisse basieren auch auf dem Vergleich mit einer repräsentativen Bevölkerungsgruppe. Weil der Kandidat oder die Kandidatin eine subjektive Selbstbeschreibung vornimmt und Fragestellungen sowie Auswertung entweder nicht oder allzu offenkundig durchschaubar erscheinen, tauchen bei den Beteiligten immer wieder Fragen auf. Nachfolgender Abschnitt soll deshalb möglichst viel Licht ins Dunkel bringen.

**Grundsätzliches zu Persönlichkeitstests**
Grob gesagt geht es hier um die Messung von Charaktereigenschaften einer Person. Diese bezeichnen typische Merkmale von Menschen, die sich – über einen längeren Zeitraum betrachtet – im Verhalten und Empfinden eines Menschen offenbaren. Persönlichkeitsmerkmale geben somit Aufschluss darüber, welches Verhalten eine AC-Kandidatin in unterschiedlichen Arbeitssituationen sehr wahrscheinlich zeigen wird. Denn wie jemand handelt, hängt nicht nur davon ab, was er kann, sondern auch davon, wie er ist beziehungsweise welches Bild er von sich hat.

Unter dem abstrakten Begriff «Persönlichkeit» werden in der Psychologie Wesensmerkmale wie z. B. Gewissenhaftigkeit, Offenheit oder Leistungsmotivation verstanden, die das individuelle Verhalten in verschiedenen Situationen und zu unterschiedlichen Zeiten beeinflussen. So arbeiten gewissenhafte Personen im Allgemeinen gründlich und korrigieren Ergebnisse systematisch, und Extrovertierte zeigen sich nicht nur in ganz bestimmten Situationen oder zu besonderen Zeiten gesellig. Persönlichkeitsmerkmale äußern sich nicht selten in Form von Motivation, Einstellung und Emotionen, die von Außenstehenden nicht direkt beobachtet werden können. Deshalb werden sie mit Hilfe von «Persönlichkeitsinventaren» meist anhand von Fragebögen erfasst.

Persönlichkeitstests sind Selbstbeschreibungen derjenigen, die sie ausfüllen. Die zu Testenden beantworten dabei sogenannte Testitems, die relevante Aspekte möglichst genau abbilden sollen. Das sind häufig Aussagen, denen man durch Ankreuzen einer Antwortskala zustimmt oder die man ablehnt. Interessiert man sich beispielsweise für das Persönlichkeitsmerkmal «Gewissenhaftigkeit», wird die Kandidatin üblicherweise gebeten, folgende und weitere ähnliche Sätze auf einer Skala – z. B. von «1 = trifft überhaupt nicht zu» bis «5 = trifft vollständig zu» – einzuschätzen:

- «Meine Arbeitsergebnisse müssen stets tadellos sein.»
- «Lieber kontrolliere ich ein Arbeitsergebnis noch mehrmals, als es fehlerbehaftet abzugeben.»
- «Ich erledige Aufgaben lieber schnell als gründlich.»

Es ist also wichtig, jene Persönlichkeitstests zu verwenden, die wirklich die wesentlichen Inhalte erfassen. In einer Reihe von einhundert Items erschließt sich der AC-Teilnehmerin nicht direkt, dass es unter anderem um Gewissenhaftigkeit geht, sie wird aber sicher mehr oder weniger bewusst Vermutungen anstellen, worauf diese «Fragerei» abzielt.

## Bedenken gegenüber Persönlichkeitstests

AC-Teilnehmer begegnen Persönlichkeitstests oft mit gemischten Gefühlen, weil sie irrtümlich annehmen, derartige Instrumente würden ihre gesamte Persönlichkeit und damit auch unangenehme Einstellungen, Wünsche und Verhaltensweisen entblößen. Dass dies weder der Fall noch die Zielsetzung der Tests ist, lässt sich meist nur schwer vermitteln. Auch weil bei standardisierten Testverfahren – anders als in den realitätsnah gestalteten Übungen des AC – der Anforderungsbezug zur zukünftigen Stelle nicht immer unmittelbar zu erkennen ist, bezweifeln Kandidaten ihren Nutzen. So erleben sie manche Tests als intransparent und bemängeln, deren Sinn und Funktionsweise mitunter selbst nach der Ergebnisrückmeldung nicht nachvollziehen zu können. Wenn Bewerbern beispielsweise der Zusammenhang zwischen der Frage «Fühlen Sie sich manchmal ohne Grund einfach miserabel?» und der angestrebten Position nicht klar wird, befürchten sie zunächst einmal Tricks und Fallstricke, mit denen sie aufs Glatteis geführt werden sollen.

Vor diesem Hintergrund ist es durchaus sinnvoll, eine Ahnung davon zu haben, woran man unprofessionelle Fragen erkennen kann. Ein aussagekräftiges Testitem ist leicht verständlich und eindeutig. Die Aussage «Ich arbeite deutlich sorgfältiger als andere Personen» erfüllt diese Forderungen im Gegensatz zu «Immer wenn ich verzweifelt bin, gelingt es mir schnell, mich mit Hilfe meiner Freunde wieder aufzumuntern». Das zweite Statement ist ungünstig formuliert, weil es mehrere voneinander abhängige Thesen kombiniert. Denn was soll ein Bewerber antworten, wenn er a) nie verzweifelt ist, b) nicht genau weiß, welcher Zeitraum nach Meinung der Testentwickler unter «schnell» zu verstehen ist und c) seine Unterstützung in schwierigen Zeiten vorzugsweise nicht aus dem Freundes-, sondern dem Familienkreis bezieht? Und wie sollen die AC-Verantwortlichen im beschriebenen Fall wissen, worauf eine ablehnende Antwort basiert und wie diese dann zu interpretieren ist?

Argwohn wecken nicht nur intransparente Tests mit mehrdeutigen Fragen, sondern auch Fragebögen, die allzu durchschaubar wirken. Dabei spielt es keine Rolle, ob das Ziel der Fragen tatsächlich leicht zu erkennen ist oder nur der Eindruck entsteht, man könnte sie problemlos manipulieren. Im Gegensatz zu Intelligenz- oder Leistungstests gibt es in Persönlichkeitstests bekanntlich keine objektiv richtigen oder falschen Antworten. Das nehmen viele Testteilnehmer zum Anlass, das «Erwünschte» erraten und ihr Antwortverhalten danach ausrichten zu wollen. Schließlich sind sie in der speziellen Testsituation eines AC zuallererst auf ihren persönlichen Vorteil bedacht und möchten einen besonders guten Eindruck hinterlassen. Wenn ein AC-Teilnehmer also glaubt, das Anliegen eines Tests zu erkennen, wird er seine Antworten so wählen, dass er zum Beispiel als besonders gewissenhaft oder leistungsmotiviert erscheint. Unabhängig davon, ob er mit seiner Mutmaßung richtig liegt, gibt er somit kein ehrliches Bild von sich selbst ab und erschwert so eine angemessene Interpretation des Testergebnisses.

**Wirkungsweise von Persönlichkeitstests**
Zwei Aspekte sollen in diesem Zusammenhang noch kurz beleuchtet werden. Zum einen ist es nicht in jedem Fall so einfach wie bisweilen angenommen, das Ergebnis wissenschaftlich anerkannter psychologischer Persönlichkeitstests zu seinen Gunsten zu manipulieren. Zunächst reicht es nicht aus, die Zielrichtung der Frage – z. B. auf das Merkmal Gewissenhaftigkeit – zu erkennen. Um eine möglichst gute Übereinstimmung der fraglichen Eigenschaft mit dem Stellenprofil bewusst vortäuschen zu können, müsste auch Letzteres erkannt werden. Denn nicht immer entspricht die Maximalausprägung (z. B. «trifft voll und ganz zu») auch der vom Unternehmen bevorzugten, optimalen Antwort. Erwartet man bei Versicherungsvertretern als Voraussetzung für beruflichen Erfolg häufig ein hohes Maß an Geselligkeit und Kontaktbedürfnis, muss das für Fluglotsen, Buchhalter und auch für Führungskräfte nicht in gleichem Maße gelten. Bisweilen wäre dies in den genannten Funktionen sogar hinderlich.

Zum anderen bedeutet die Möglichkeit der vorsätzlichen Ergebnisverzerrung nicht automatisch, dass davon auch Gebrauch gemacht werden muss. Professionelle AC-Verfahren begegnen diesem Risiko aktiv durch Transparenz in Bezug auf die Ziele der Tests sowie ihren Anteil am AC-Gesamtergebnis. Wird beides vor Beginn des Auswahlverfahrens oder der jeweiligen Testdurchführung verständlich erklärt, lassen sich Kandidatinnen und Kandidaten nicht von falschen Annahmen leiten und sind eher motiviert, wahrheitsgemäß zu antworten.

Die Problematik verfälschter Antworten ist den Testentwicklern natürlich bestens bekannt. Meist ist dabei von «Antworttendenz» die Rede – so der wissenschaftliche Begriff für bewusste und unbewusste Manipulationen von Ergebnissen psychologischer Testverfahren. Im Zuge umfangreicher Forschungsaktivitäten wurden verschiedene Möglichkeiten entwickelt, mit denen sich grobe Verzerrungen ziemlich zuverlässig entdecken lassen.

Nicht selten sind sich Bewerber unsicher, was sie jeweils am besten ankreuzen sollten, um sich in ein möglichst gutes Licht zu rücken. Also geben sie Antworten, von denen sie überzeugt sind, sie träfen bei den Personalverantwortlichen auf mehr Zustimmung als eine wahrheitsgemäße Auskunft. Bei einer ehrlichen Antwort befürchten sie soziale Ablehnung und somit persönliche Nachteile. Ein Test erfragt z. B. die Einschätzung der Aussage «Ich habe schon zu viel Wechselgeld erhalten, ohne es der Kassiererin zurückzugeben». Das ist vermutlich einem Großteil der Menschheit bereits passiert. Also wäre die Sache klar: Kreuzchen bei «trifft zu». Allerdings fragen sich Kandidaten häufig, ob diese ehrliche Antwort nicht einen ziemlich schlechten Eindruck hinterließe. Immerhin haben sie die Kassiererin auch schon auf das Versehen aufmerksam gemacht und überzähliges Geld zurückgegeben. Und ein Mitarbeiter, dem man in Finanzangelegenheiten nicht uneingeschränkt vertrauen kann, bekommt doch sicher keine Führungsposition angeboten. Also lieber doch die Alternative «trifft nicht zu» ankreuzen?

Fragen wie diese findet man vor allem in Persönlichkeitstests, die ursprünglich im angloamerikanischen Sprachraum entwickelt wurden. Sie erfassen aber nur selten den korrekten Umgang mit Geld. Im Vordergrund steht stattdessen die Frage, ob der Test ehrlich oder tendenziell sozial erwünscht beantwortet wird. Die Testentwickler formulieren deshalb Aussagen zu moralischen Dilemmata, wie dem des überzähligen Wechselgeldes, von denen mit großer Wahrscheinlichkeit angenommen werden kann, dass man sie bereits irgendwann einmal erlebt hat. Ausschließlich auf gesellschaftliche Akzeptanz abzielende Antworten auf derartige Fragen fallen geübten Assessoren bei der Auswertung der Ergebnisse ebenso schnell auf wie der folgende Trick:

Hin und wieder kreuzen AC-Teilnehmer stets dieselbe Antwortalternative (z. B. «trifft überhaupt nicht zu») an. Das lässt definitiv keine Rückschlüsse auf ihre «wahre» Persönlichkeit zu und spart ihnen zudem wertvolle Zeit, weil sie dafür die Aussagen nicht einmal zu lesen brauchen. In diesem Fall folgen sie einem mechanischen Antwortmuster, das unter anderem deshalb schnell aufgedeckt würde, weil Aussagen zum gleichen Merkmalsbereich nicht immer positiv formuliert sind. Die Antwort auf negativ beschriebene Statements müsste jedoch im Vergleich zu den positiven grundsätzlich verschieden ausfallen, damit die Gesamtheit aller Antworten als logisch und widerspruchsfrei gelten kann. Schließlich ist z. B. nicht anzunehmen, dass sich eine Kandidatin gleichzeitig als sozial offen und verschlossen einschätzt.

Der Möglichkeiten und Grenzen standardisierter Persönlichkeitsinventare bewusst, werden deren Resultate in qualitativ hochwertigen AC niemals als einzig ausschlaggebendes Kriterium über Bestehen oder Nichtbestehen entscheiden. Sie runden vielmehr die per systematischer Beobachtung gewonnenen Bewertungen des Kandidaten ab, indem sie dessen Selbstbild mit der Verhaltensbeobachtung der Experten vergleichbar machen. Das erweitert die Informationsbasis für eine fundierte Beurteilung.

So können Aussagen darüber getroffen werden, wie groß die Übereinstimmung von Selbst- und Fremdeinschätzung ausfällt, das heißt, wie realistisch sich eine potenzielle Führungskraft bezüglich ihres Leistungsvermögens oder ihrer Wirkung auf andere einzuschätzen vermag. Es ist naheliegend, dass Unternehmen Wert auf Führungskräfte legen, die sich nicht allzu deutlich über- oder unterschätzen. Erstere gelten schnell als «Büroföhn», der viel Lärm macht, aber nur heiße Luft produziert. Letztere fallen als «Zauderer» negativ auf, denen es häufig an Selbstbewusstsein und Souveränität fehlt.

Des Weiteren schließen standardisierte psychologische Testverfahren eine Informationslücke. Die praxisnahen Aufgabenstellungen im AC bilden ausschließlich den Status quo des maximalen Leistungsvermögens der Kandidaten ab. AC-Teilnehmer absolvieren das Auswahlverfahren mit dem Anspruch, in der – verglichen mit dem «echten» Arbeitsalltag – kurzen Zeit ihr optimales Leistungsvermögen zu demonstrieren. Das ist in der betreffenden Konkurrenzsituation auch nicht anders zu erwarten. Der in AC vorherrschende Druck, besonders gute Leistungen zu erbringen, widerspiegelt den «normalen» menschlichen Arbeitsalltag aber nur unvollständig. Der potenzielle Arbeitgeber ist ebenso am alltäglichen und somit durchschnittlichen Verhalten interessiert, weil das Hinweise auf den langfristigen Berufserfolg erlaubt. Persönlichkeitsinventare bieten sich somit als alternative Informationsquellen an, die Aufschluss darüber geben, wie AC-Teilnehmer «üblicherweise» arbeiten und auf andere Personen wirken. Verschiedentlich konnte deshalb nachgewiesen werden, dass der Einsatz von Persönlichkeitstests als Ergänzung zu den verhaltensnahen Übungen die Vorhersagegenauigkeit von AC-Prognosen noch weiter verbessert, vorausgesetzt die Kandidaten beantworten die entsprechenden Fragen ehrlich.

**Anwendung und Beispiele von Persönlichkeitstests**
Die Selbstbeschreibung mit Hilfe von Persönlichkeitsinventaren erfolgt meist per Auswahl von Antwortalternativen bezüglich kurzer Aussagen oder Fragen. Antwortskalen sind jedoch von Test zu Test verschieden. Das Spektrum reicht dabei von nur zwei Optionen (z. B. «ja»/«nein», «richtig»/«falsch») bis zu einer Abstufung von zehn Antwortmöglichkeiten, wobei manche Verfahren eine ungerade Anzahl von Ankreuzoptionen vermeiden, um so einer Häufung von Antworten in der Mitte der Antwortskala (z. B. «teils/teils»; «weder/noch») vorzubeugen.

Prinzipiell eignen sich Skalen mit mehreren Antwortalternativen am besten, weil sie treffendere Antworten ermöglichen. Soll indes aus mehr als sieben Optionen ausgewählt werden, gelingen präzise Einschätzungen nicht mehr so gut. Es ist sicher berechtigt zu fragen, worin der qualitative Unterschied zwischen den Antwortstufen 7 und 8 auf einer zehnstufigen Skala besteht. Übersetzt man die Zahlen in verbale Entsprechungen, wird die Problematik noch deutlicher: Stimmt man mit der Antwort «7» der Aussage «eher zu», soll die «8» dann bedeuten, man stimme ihr «ein bisschen mehr als eher zu»? Hier liegt die Vermutung nahe, dass mit Hilfe besonders vieler Antwortmöglichkeiten eine Scheingenauigkeit der Testergebnisse erzeugt wird, die einer genaueren Betrachtung nicht standhält.

Manchmal besteht die Antwort darin, ein Kreuz auf einer waagerechten Linie ohne klare Einteilung von Abschnitten zu setzen. Wie auf einem Zahlenstrahl nehmen die dahinter liegenden Werte von links nach rechts zu, sodass besonders starke Zustimmung zu einer Aussage mit einer Markierung möglichst weit rechts zum Ausdruck gebracht wird. Zur Auswertung werden dann Schablonen benutzt, die den Abstand des Kreuzes zum Ausgangs- oder zum Mittelpunkt der Linie ausmessen.

Zudem kann es sein, dass verschiedene Testitems nach ihrer Wichtigkeit geordnet oder ein Antwortmaximum von 100 Prozent frei auf eine bestimmte Zahl an Items verteilt werden müssen. Wieder andere Instrumente sind so gestaltet, dass mehrere Aussagen miteinander verglichen und die am besten und am wenigsten zutreffenden angekreuzt werden sollen. Solche Antwortmöglichkeiten kommen bei den Kandidaten nicht allzu gut an. Schließlich kann es vorkommen, dass man sich mit keiner Aussage identifizieren kann und man trotzdem zu einer Entscheidung gezwungen wird – daher auch der Name *forced-choice*-Verfahren.

Bei der Auswertung werden für jede Antwort Punkte vergeben und abschließend zu einem Gesamtwert pro Merkmal – z. B. «Gewissenhaftigkeit» – verrechnet. Basiert das jeweilige Persönlichkeitsinventar auf einem wissenschaftlich seriösen Persönlichkeitsstruktur-Konzept, werden derartige Merkmalswerte als Profil dargestellt. Dieses kann dann mit dem Profil der Normstichprobe, einem zuvor ermittelten Wunschprofil oder dem Profil anderer AC-Teilnehmer verglichen werden.

Wenn ein Kandidat zum Beispiel in einem Gewissenhaftigkeits-Test mit zehn Items allen Aussagen tendenziell zustimmt (was auf einer 5er-Skala jeweils einem Kreuz bei «4» entspricht), erzielt er in diesem Merkmalsbereich vierzig Punkte. Ob er damit nun – bildhaft und überspitzt formuliert – ein pingeliger

Erbsenzähler, durchschnittlich gewissenhaft oder gar ein schlampiges Genie ist, steht ohne weitere Informationen noch nicht fest. Hier gilt es den Durchschnittswert der Normstichprobe beizuziehen. Wenn der nun stabil bei 45 Punkten läge, wäre der Kandidat in diesem Merkmalsbereich trotz allem als eher unterdurchschnittlich einzustufen.

Manche Testverfahren erfassen statt der Persönlichkeitsstruktur, wie sie anhand der beschriebenen Profilverläufe verdeutlicht wird, die Zugehörigkeit zu einem von mehreren Persönlichkeits*typen*. Solche Instrumente erfreuen sich besonders bei psychologisch nicht geschulten Anwendern großer Beliebtheit, weil die Resultate anschaulicher erscheinen und ausschließlich positiv formuliert sind. Da sie zudem mit Hilfe nur weniger Testfragen die Komplexität der Persönlichkeit stark vereinfachen, sind sie schnell zu bearbeiten und scheinen plausibel.

Allerdings basieren solche Tests oft auf Persönlichkeitstheorien, die nicht dem aktuellen Stand der Wissenschaft entsprechen. Häufig verknappen sie die erhobenen Informationen derart, dass eine tiefergehende, verlässliche Beschreibung der Person nicht möglich ist. Da sie in den meisten Fällen eindeutige Belege ihres Nutzens für die Personalauswahl schuldig bleiben, werden sie von seriösen Personalverantwortlichen höchstens zur Gewinnung eines groben Überblicks verwendet. Dieser Vorgang wird als *Screening* bezeichnet und findet sinnvollerweise eher im Rahmen der Personalentwicklung mit Trainings und Coachingmaßnahmen als zur Personalauswahl statt. Ausgehend von den Resultaten eines Typentests kann dann über fundiertere Instrumente zur Vertiefung, zur Ableitung gezielter Schulungs- und Unterstützungsmaßnahmen sowie über die optimale Zusammensetzung von Teams diskutiert werden. Zu den populärsten Persönlichkeitstypentests gehören der DISG-Test sowie der Myers-Briggs-Typenindikator (MBTI).

*DISG* steht für vier Typen menschlicher Reaktionstendenzen – Dominanz, Initiative, Stetigkeit und Gewissenhaftigkeit –, die sich gemäß den Testentwicklern darin unterscheiden, wie sie von der Person selbst und ihrem sozialen Umfeld wahrgenommen werden. Das gewählte Antwortverfahren ist originell: Aus insgesamt 48 Vierergruppen muss jeweils ein Satz bzw. Begriff ausgewählt werden, der das eigene Verhalten am ehesten beschreibt. Exemplarisch nennen wir folgendes Quartett:
- «Ich bin kontaktfreudig.»
- «Ich bin ein Mann der Tat.»
- «Ich bin weichherzig.»
- «Ich habe Sinn für schöne Dinge.»

Die Testpersonen können das entsprechende Antwortfeld wie bei einem Lotterielos freirubbeln, und es erscheint jeweils einer der vier Buchstaben, die den Testnamen bilden. Abschließend werden die Buchstaben ausgezählt und so die Übereinstimmung mit einem der vier möglichen Verhaltensmuster berechnet. Auf diesem Weg erfährt man, welchem Typus man höchstwahrscheinlich entspricht. Allerdings sind Testverfahren, die eine Entscheidung für ein Testitem zwingend verlangen, wie erwähnt bei vielen Teilnehmern nicht gerade beliebt. Besonderes Unverständnis tritt auf, wenn die verschiedenen Fragen Äpfel mit Birnen zu vergleichen scheinen. Im genannten Beispiel schließen sich die vier Verhaltensweisen nicht aus, man kann gleichzeitig ein weichherziger, kontaktfreudiger Mensch der Tat mit Sinn für schöne Dinge sein. Die erzwungene Festlegung auf einen Aspekt verschleiert daher, dass auch die anderen zutreffen.

Weil diesem Testverfahren nicht nur theoretisch erhärtete Grundannahmen, sondern auch ein eindeutiger Berufsbezug fehlen, empfehlen selbst die Testentwickler einen Einsatz bestenfalls zu Coaching-Zwecken. Soll ein oberflächliches Verständnis für die Verschiedenartigkeit der menschlichen Persönlichkeit geschaffen werden, kann der DISG-Test vermutlich eine Unterstützung sein. Auch macht er einen durchaus nachdenklich, wenn das ermittelte Profil nicht dem Bild entspricht, das man bislang von sich hatte. Als Instrument zur verlässlichen Personalauswahl ist er hingegen ungeeignet.

Der *Myers-Briggs-Typenindikator* (MBTI) ordnet Menschen einem von 16 Persönlichkeitstypen zu. Zu diesem Zweck muss anhand einer zweistufigen Antwortskala in neunzig Fällen eine bestimmte Wahl getroffen werden, zum Beispiel:

- «Mögen Sie lieber a) Kriminalromane oder b) Liebesromane?»
- «Kommen Sie gewöhnlich mit Menschen besser aus, die a) phantasievoll oder b) realistisch sind?»

Die resultierenden Persönlichkeitstypen unterscheiden sich unter anderem durch unterschiedlich starke Extraversion, Intuition und analytische Beurteilung von Sachverhalten. Die theoretischen Annahmen hinter dem Typenkonzept konnten allerdings bislang nicht bestätigt werden.

Auch zeigen die obigen Beispiele, dass nicht alle Testitems einen direkt erkennbaren Bezug zum Berufskontext aufweisen. Das minimal gehaltene Spektrum an Antwortmöglichkeiten verhindert – wie schon im Falle des DISG-Tests – zudem eine facettenreichere Darstellung der insgesamt zu wenigen erfassten Persönlichkeitsmerkmale. Das Fehlen einer Vergleichsstichprobe ist zusätzlich problematisch, sodass die Einordnung und Interpretation des individuellen Ergebnisses spekulativ bleibt.

Die einzige nennenswerte Möglichkeit, Typentests im Rahmen von AC einzusetzen, besteht darin, ihre Ergebnisse als Ausgangspunkt weiterer Abklärungen zu nutzen. Dazu kann beispielsweise das Selbstbild des Getesteten in einem weiterführenden Gespräch oder mit fundierten Tests stärker ergründet oder mit den (Fremd-)Eindrücken der Beobachter verglichen werden.

Zur Abgrenzung der vorangegangenen Erläuterungen werden in den nächsten Abschnitten wissenschaftlich seriöse Gegenbeispiele vorgestellt. Die detailliert beschriebenen Verfahren zählen zu den derzeit fundiertesten und verbreitetsten Persönlichkeitstests. Zum besseren Verständnis erfolgt die Darstellung der Instrumente vom Allgemeinen zum Speziellen. So erschließen sich auch die qualitativen Vorzüge gegenüber den für AC weniger geeigneten Typentests klarer.

Das *NEO-Fünf-Faktoren-Inventar* (NEO-FFI) und das *NEO-Persönlichkeitsinventar* (NEO-PI) basieren auf einer bestens erforschten und auch in der Praxis anerkannten Persönlichkeitstheorie. Auf der Suche nach grundlegenden Merkmalen, mit denen sich die Persönlichkeit eines Menschen möglichst umfassend beschreiben lässt, entwickelte man ein Modell mit fünf voneinander unabhängigen Faktoren: Neurotizismus, Extraversion, Offenheit, Gewissenhaftigkeit und Verträglichkeit. Diese haben sowohl im englisch- als auch im deutschsprachigen Raum den Sprung von der Wissenschaft in die Praxis und den Einzug in den Alltagswortschatz geschafft:

Neurotizismus – auch als «psychische Labilität» bezeichnet – beschreibt als Gegenpol zu «emotionaler Stabilität» Unterschiede in der emotionalen Ausgeglichenheit von Personen, das heißt im Umgang mit insbesondere negativen Gefühlen. Der Begriff wird hier aber nicht im Sinne einer psychischen Erkrankung verwendet. Mit diesem Merkmal werden unter anderem folgende Eigenschaften in Verbindung gebracht: impulsiv, verletzlich, besorgt, reizbar, ängstlich, niedergeschlagen etc. «Ich empfinde selten Furcht oder Angst» und «Zu häufig bin ich entmutigt und will aufgeben, wenn etwas schiefgeht» sind typische Testfragen.

Extraversion kennzeichnet als Gegenpol zu Introversion das Ausmaß einer Person an Kontaktbereitschaft, Geselligkeit, Optimismus und Aktivität. Beispielhaft seien die Items «Ich habe gerne viele Leute um mich herum» und «Ich ziehe es gewöhnlich vor, Dinge allein zu tun» genannt.

Offenheit (für Erfahrungen) zeigen insbesondere Personen, die unter anderem als wissbegierig, kreativ, phantasievoll und vielfältig kulturell interessiert erlebt werden. Das NEO-FFI erfasst dieses Merkmal unter anderem mit Hilfe der Statements «Poesie beeindruckt mich wenig oder gar nicht» sowie «Mich begeistern die Motive, die ich in der Kunst und in der Natur finde.».

Gewissenhaftigkeit ist beispielsweise an besonders stark ausgeprägter Zuverlässigkeit, Anstrengungsbereitschaft, Ordnungsliebe und Disziplin erkennbar. Typische Aussagen zur Messung dieser Eigenschaft sind «Bei allem, was ich tue, strebe ich nach Perfektion» und «Ich vertrödle eine Menge Zeit, bevor ich mit einer Arbeit beginne».

Verträglichkeit wird Menschen meist dann attestiert, wenn sie anderen gegenüber viel Mitgefühl, Verständnis, Hilfsbereitschaft, Harmoniebedürfnis, Nachgiebigkeit und Vertrauen zeigen. Dies drückt sich etwa in den Einschätzungen der Items «Manche Leute halten mich für kalt oder berechnend» oder «Ich versuche, stets rücksichtsvoll und sensibel zu handeln» aus.

Das anwendungsorientierte NEO-FFI stellt mit nur 60 Testfragen (Dauer ca. 10 Minuten) die Kurzform der forschungsorientierten Langversion NEO-PI mit 240 Testitems (ca. 35 Minuten) dar. Die Beantwortung erfolgt anhand einer 5-stufigen Skala. Da einige Fragen keinen klaren Berufsbezug aufweisen, sind beide prinzipiell besser für den Einsatz in der Personalentwicklung als in der Personalauswahl geeignet.

Das an der Universität Bochum (Deutschland) entwickelte *Bochumer Inventar zur berufsbezogenen Persönlichkeitsbeschreibung* (BIP) erfasst 17 hingegen klar arbeitsrelevante Persönlichkeitsaspekte, die den vier Merkmalsbereichen

- berufliche Orientierung (z. B. Leistungs- und Führungsmotivation),
- Arbeitsverhalten (z. B. Gewissenhaftigkeit und Flexibilität),
- soziale Kompetenzen (z. B. Teamorientierung und Durchsetzungsstärke) und
- psychische Konstitution (z. B. Selbstbewusstsein und Belastbarkeit)

zugeordnet werden können.

Für insgesamt 210 Aussagen sollen die Kandidaten auf einer 6-stufigen Antwortskala angeben, wie sehr das jeweilige Statement auf sie zutrifft, etwa:
- «Ich trage gern die Verantwortung für wichtige Entscheidungen.»

- «Für mich sind fachliche Kompetenzen wichtiger als Führungsqualitäten.»
- «Für einige bin ich ein unbequemer Querdenker.»
- «Hartes Durchgreifen fällt mir schwer.»

Die Ergebnisse der Getesteten können mit einer großen Stichprobe Berufstätiger nach Geschlecht, Alter, beruflicher Tätigkeit, Hierarchieebene und Ausbildungsstatus verglichen werden. Die Testentwickler haben zahlreiche Untersuchungen durchgeführt, die zeigen konnten, dass die Merkmalsbereiche zuverlässig und weitgehend präzise erfasst werden und das Instrument gut für den Einsatz in stellenbezogenen Auswahlsituationen geeignet ist. Nicht zuletzt deshalb ist das BIP im deutschsprachigen Raum weit verbreitet und kann alternativ am Computer durchgeführt werden. Allerdings nimmt seine Bearbeitung aufgrund der mehr als zweihundert Testitems viel Zeit – durchschnittlich rund 50 Minuten – in Anspruch.

Ein weiterer, häufig zu Personalbeurteilungszwecken eingesetzter Persönlichkeitstest ist das *Leistungsmotivationsinventar* (LMI). In dessen Fokus steht mit der «Aufgabenbezogenen Motivation» die Beantwortung der Frage, was Menschen bei der Ausübung beruflicher Aktivitäten antreibt und in welchem typischen Verhalten sich dies ausdrückt. Auf einer 7-stufigen Antwortskala soll der Teilnehmer angeben, in welchem Ausmaß leistungsbezogene Aussagen auf ihn zutreffen, wie z.B:

- «Andere sagen, dass ich viel mehr arbeite als nötig.»
- «Ich bin überzeugt davon, dass ich es beruflich zu etwas bringen werde.»
- «Wenn ich fürchte, Fehler zu machen, strenge ich mich besonders an.»

- «Wenn ich etwas Schwieriges zuwege gebracht habe, bin ich stolz auf mich.»

Das LMI erfasst mit je zehn Fragen insgesamt 17 leistungsrelevante Merkmale wie Beharrlichkeit, Engagement, Erfolgszuversicht, Flexibilität, Leistungsstolz, Lernbereitschaft, Selbstständigkeit, Zielsetzung und Wettbewerbsorientierung. Die Angaben werden zu einem Profil verrechnet, das mit den Resultaten einer umfangreichen Normstichprobe verglichen werden kann. Auch aufgrund seines eindeutigen Bezugs zu Arbeitssituationen erfreut sich das Instrument im deutschsprachigen Raum großer Beliebtheit und weiter Verbreitung. In der ausführlichen Variante dauert die Bearbeitung der 170 Aussagen durchschnittlich etwas mehr als 30 Minuten.

Die Aufzählung möglicher Tests ließe sich nun noch fast endlos weiterführen. Schließlich geht man davon aus, dass im deutschsprachigen Raum zirka 10 000 verschiedene Testverfahren kursieren. Natürlich sind längst nicht alle auch Bestandteil eines AC, grundsätzlich steht es aber jedem AC-Anwender frei, sich auf dem Testmarkt nach geeigneten Verfahren umzusehen. Dabei muss er sich im Klaren darüber sein, was genau er mit dem Test in Erfahrung bringen beziehungsweise vorhersagen will. Daneben gilt es, das betreffende Instrument sinnvoll ins Verfahren einzubetten.

**Einbettung von Persönlichkeitstests ins AC**
Professionelle AC-Anwender sind sich bewusst, dass AC-Teilnehmer Persönlichkeitstests mit einer gewissen Skepsis begegnen oder durch sie verunsichert werden. Entsprechend gehen sie dagegen vor. Sie schaffen gleiche Testbedingungen für alle

Teilnehmer, etwa indem allen die gleiche Bearbeitungszeit eingeräumt wird und der Kandidat eine Version des Fragebogens in seiner Muttersprache erhält. Zudem muss man als Bewerber längst nicht auf alles antworten: Insbesondere Fragen, die politische Meinungen erfragen oder äußerst private Themen tangieren (z. B. sexuelle Orientierung, Schwangerschaft, Religion, politische Ansichten etc.), sind in der Personaldiagnostik – meist auch rechtlich – nicht zulässig.

Nicht zuletzt sollten AC-Verantwortliche den Kandidatinnen und Kandidaten glaubhaft verdeutlichen, welche Bedeutung die Ergebnisse von Persönlichkeitstests hinsichtlich des AC-Gesamturteils haben und welche Vorteile wahrheitsgemäße Antworten bringen. Möglichst unverzerrte Angaben sind nämlich für beide Seiten gewinnbringend. Auswahlverfahren sollen bekanntlich die optimale Passung von Stellen- und Kandidatenprofil ermitteln. Wer sich also über Gebühr verstellt, läuft unter Umständen Gefahr, eine Stelle antreten zu dürfen, von der er schon kurze Zeit später ernüchtert ist, weil sie seine Bedürfnisse nicht adäquat befriedigt und ihn über- oder unterfordert. Zudem ist die Rückmeldung der Ergebnisse profunder Persönlichkeitstests nur dann wirklich hilfreich, wenn darin die eigenen Stärken und Schwächen präzise, unverfälscht und in Bezug auf ein klar definiertes Stellenprofil abgebildet werden. Da die Resultate von Persönlichkeitstests auf einer reinen Selbstbeschreibung basieren, sollte das resultierende Profil auch bei wahrheitsgemäßer Beantwortung nicht einfach als bare Münze betrachtet werden. Professionelle AC-Veranstalter speisen deshalb ihre Teilnehmer nicht mit einem schriftlichen Bericht in Fachchinesisch ab. Vielmehr machen sie die individuellen Ergebnisse in einem persönlichen Gespräch verständlich und diskutieren sie gemeinsam mit dem Kandidaten.

**Auf einen Blick**

Standardisierte psychologische Testverfahren erfassen auf unterschiedliche Weise bestimmte Merkmalsbereiche einer Person.

Zum einen gibt es allgemeine (z. B. Intelligenz- und Konzentrationstests) und spezielle Leistungstests, welche die korrekte Lösung unterschiedlicher Aufgaben und/oder die Demonstration spezieller Fähigkeiten erfordern. Zum anderen werden in Persönlichkeitstests mittels Selbstbeschreibung bestimmte Aspekte der Testperson erfasst. Meist muss sie eine Vielzahl verhaltens- oder gefühlsbezogener Aussagen dahingehend einschätzen, inwiefern diese auf sie selbst zutreffen. Dabei existieren keine eindeutig richtigen oder falschen Antworten.

In beiden Fällen resultieren individuelle Profile, die einen Vergleich entweder der Leistung oder der Selbsteinschätzung der Kandidaten mit der Norm oder einem Idealbild zulassen. Die betreffenden Referenzgrößen sollten gut dokumentiert sein und einen Bezug zur fraglichen Tätigkeit aufweisen.

Obwohl psychologischen Testinstrumenten mit einem spürbaren Maß an Skepsis und Voreingenommenheit begegnet wird, liefern diese – richtig eingesetzt – einen relevanten Beitrag zur Vorhersagequalität von AC. Zu den Voraussetzungen aussagekräftiger Testinstrumente gehören eine wissenschaftliche und gut dokumentierte Grundlage, ein klarer Bezug zur angestrebten Position sowie die Schaffung optimaler, mindestens aber gleicher Testbedingungen für alle Kandidatinnen und Kandidaten.

Die Ergebnisse von Tests der kognitiven Leistungsfähigkeit können praktisch nicht verfälscht werden. Sie sind objektiv und nicht zuletzt deshalb eine wertvolle Ergänzung zu den kontrolliert subjektiven Einschätzungen aus den Verhaltensbeurteilungen. Persönlichkeitstests unterliegen hingegen einer sogenannten Verzerrungsgefahr: Wer das Ziel der Frage zu erkennen glaubt, wird versucht sein, diejenige Antwort auszuwählen, die den positivsten Eindruck erweckt, auch wenn dies nicht der eigenen persönlichen Wahrnehmung entspricht.

Unter anderem aus diesem Grund sollten die Resultate standardisierter psychologischer Persönlichkeitstests im Vergleich zu den verhaltensbasierten, simulationsorientierten Übungen mit der notwendigen Vorsicht ins AC-Gesamtergebnis integriert werden. Idealerweise dienen sie als Hinweis für weitere Abklärungen oder das Ausmaß der realistischen Selbsteinschätzung des Teilnehmers. Sofern es sich um ein professionell durchgeführtes AC handelt, werden diese Aspekte in ausführlichen, persönlichen Rückmeldegesprächen diskutiert. Unter diesen Voraussetzungen werden Persönlichkeitstests dem Anspruch, *hard facts* zu *soft skills* liefern zu können, gerecht.

## 4. So läuft ein Assessment-Center ab

*Ein Kollege erzählt Herrn M., wie ihm zu Beginn eines AC an der Hotelrezeption mitgeteilt wurde, dass man kein Zimmer für ihn gebucht habe. Erst nachträglich erfuhr er dann, dass seine Reaktion registriert worden war und dies bereits eine erste AC-Übung gewesen sei. Solche Informationen tragen nicht gerade zu Herrn Ms Beruhigung bei. Zwar weiß er jetzt, welche Beurteilungskriterien und Aufgabenstellung er etwa erwarten kann. Aber der Gedanke, im Fokus von ihm zum Teil fremden Menschen zu stehen, die sein Verhalten analysieren, löst bei ihm Unbehagen aus. Er kann nur hoffen, dass diese Personen für ihre verantwortungsvolle Aufgabe ausreichend qualifiziert sind. Außerdem fragt er sich, wie deren Beobachtungen schließlich erfasst und verarbeitet werden. Schließlich wird am Schluss eine aus seiner Sicht sehr bedeutsame Entscheidung gefällt und es interessiert ihn schon sehr, ob die vielen Informationen zu seiner Person auch wirklich angemessen eingeschätzt werden. Mit dem sicheren Wissen über einen fairen Ablauf würde er sich jedenfalls gelassener auf den ganzen Prozess einlassen können.*

### Systematik am Beispiel eines Muster-Assessment-Centers

Wie wir gesehen haben, setzen aussagekräftige Assessment-Center eine systematische Entwicklung des Anforderungsprofils und der Übungen sowie eine gezielte Auswahl zusätzlicher standardisierter Testverfahren voraus. Diese Elemente gilt es sodann zu einem stimmigen Gesamtprozess zusammenzusetzen. Das beste Instrument klingt bekanntlich nur so gut, wie ein Musiker es spielen kann. Von entscheidender Bedeutung ist folglich, über gezielt ausgewählte Assessoren zu verfügen, die zudem noch umfassend geschult werden. In speziellen Trainings lernt angehendes Personal die genauen Anforderungsdimensionen und das Bewertungsschema des AC kennen. So wird ein gemeinsames Verständnis der zu besetzenden Stelle sowie der Beurteilungsgrundlage entwickelt. Durch die gezielte Simulation des AC-Ablaufs praktizieren die Assessoren den Beurteilungsprozess, um mit den Dokumenten und dem Ablauf der Übungen vertraut zu werden. So sollen sie Handlungsroutinen erwerben, um sich während des AC ganz auf ihre Hauptaufgaben konzentrieren zu können.

Der Sachverhalt, dass sich die Beobachter im AC voll und ganz ihrer Aufgabe widmen können, ist einer der wesentlichen Punkte, durch die sich das Beurteilen im AC vom Beurteilen im Berufsalltag unterscheidet. Weil ein AC einen klar strukturierten Ablauf aufweist sowie sämtliche Beurteilungsprozesse systematisiert sind, lassen sich in diesem Verfahren zuverlässige Erkenntnisse gewinnen, die über intuitiv gewonnene Informationen z. B. in der Probezeit hinausgehen.

Einen weiteren Unterschied zu Alltagsbeurteilungen haben wir schon mehrmals genannt: Für qualitativ hochstehende AC werden mehrere verschiedene Übungen entwickelt, in denen die Kandidaten in Bezug auf die Erfüllung zuvor systematisch identifizierter Anforderungsdimensionen getestet werden. Es ist klar, dass die betreffenden Beurteilungskriterien nicht in jeder Übung beobachtet und beurteilt werden können, Kommunikationsverhalten lässt sich in der Postkorbaufgabe nun mal nicht hinreichend einschätzen. Allerdings muss sichergestellt werden, dass jede Beurteilungsdimension in mehreren Übungen bewertet wird. Indem beispielsweise das Kommunikationsverhalten in der Präsentation, in der Diskussion und im Mitarbeitergespräch erfasst wird, ergibt sich ein möglichst umfassendes Bild dieses Aspekts. Zudem erhält der Teilnehmer die Chance, einen allfälligen «Durchhänger» in einer anderen Übung wieder wettzumachen.

Die in diesem Kapitel vorgestellten Merkmale der systematischen Leistungsbeurteilung sind für die Qualität eines AC unabdingbar. Um deren Zusammenhänge mit dem Ablauf eines AC noch besser erlebbar zu machen, werden diese anhand eines exemplarischen AC genauer vorgestellt.

Unser Beispiel-AC wird von Montagmittag bis Mittwochabend von der unternehmensinternen Personalabteilung in den Räumlichkeiten eines Seminarhotels durchgeführt, in dem die Bewerber praktischerweise auch untergebracht sind. Um allen Teilnehmerinnen und Teilnehmern eine gute Ausgangslage für maximale Leistungen zu ermöglichen, bieten professionelle AC-Organisatoren zumindest den Ortsfremden unter ihnen an, bereits am Abend vor dem AC anzureisen. In einem Hotelzimmer in unmittelbarer Nähe zum Veranstaltungsort können diese sich in aller Ruhe akklimatisieren und letzte Vorbereitungen für das Auswahlverfahren ohne Reisestress angehen.

Am ersten Tag, kurz nach Mittag, finden sich die Kandidatinnen und Kandidaten zur Einführungsveranstaltung im Vorbereitungssaal ein. Sie erhalten ein Namensschild und eine Mappe mit Notizblock, Stift und einem Zeitplan, der auch Details zu Übungsbezeichnungen, Räumen, Pausen und Testverfahren enthält.

Nach einer persönlichen Begrüßung eröffnet der AC-Leiter den Teilnehmenden nicht nur den prinzipiellen Aufbau und Ablauf des Testverfahrens, sondern erklärt ihnen ebenfalls die Ziele sowie sämtliche Verhaltensbereiche, die in den nächsten Tagen Gegenstand intensiver Begutachtung sein werden. Zu wissen, was man zu erwarten hat, nimmt dem AC einerseits etwas von seinem Schrecken. Andererseits zeigt dies, dass sich die Verantwortlichen ihrer Sache schon ziemlich sicher und von der Qualität des Verfahrens überzeugt sein müssen, wenn sie darauf vertrauen, dass es auch nach Bekanntgabe der wichtigsten Testelemente noch funktioniert. Das steigert oft das Vertrauen der Teilnehmerinnen und Teilnehmer in die Seriosität und Aussagekraft des AC. Einige dürften sich aber auch fragen, ob man es den Kandidaten auf diese Weise nicht zu leicht macht, das AC zu bestehen.

**Was der Teilnehmer wissen darf und soll**
Ebenfalls im Unterschied zur Alltagsbeobachtung wissen AC-Teilnehmer nicht nur, in welchen Situationen sie beobachtet werden, sondern erfahren auch, worauf dabei geachtet wird. Sowohl seitens der Praktiker – Anwender und Teilnehmer – als auch seitens der Wissenschaft ist diese Transparenz im AC immer wieder Gegenstand von Diskussionen. Deshalb erörtern wir diesen Punkt nun noch etwas ausführlicher. Im Vorder-

grund stehen dabei die Auswirkungen der Transparenz auf die Leistung der Teilnehmer, die Aussagekraft der Ergebnisse sowie die Akzeptanz des Verfahrens. Transparenz bedeutet hier Offenheit gegenüber den Kandidaten: Welche Anforderungen sind ausschlaggebend? Welche Arbeitsproben und Tests werden eingesetzt? Es ist allerdings kaum so, dass transparente AC alles bis ins kleinste (Verhaltens-)Detail vorab verraten. Normalerweise wird ein mittlerer Grad an Offenheit gewählt. AC-Verantwortliche legen die Ziele und Methoden des AC sowie die prinzipiellen Anforderungsdimensionen pro Übung dar, geben aber keine konkreten Verhaltenshinweise.

Die Befürworter von Transparenz im AC stellen heraus, dass solche Informationen die Chancengleichheit erhöhen. Sie gehen davon aus, dass die Kandidatinnen und Kandidaten ansonsten über die Zielsetzung von AC-Übungen spekulieren würden – «Soll ich mich in dieser Gruppenübung besser durchsetzen oder doch lieber kooperativ verhalten?». Um nun aber nicht diejenigen zu belohnen, die besser in der Lage sind, mehr oder weniger zufällig die gewünschten Verhaltensanforderungen zu erraten, sollten diese zu Beginn der jeweiligen Übung mitgeteilt werden.

Die Gegner der Offenlegung befürchten hingegen, dass die Resultate transparenter AC-Verfahren weniger aussagekräftig wären. Sie verweisen auf Studien, nach denen Kandidaten automatisch bessere Leistungen erzielen, wenn sie vor dem AC Informationen darüber erhalten, was in etwa erwartet wird. Sie bemängeln daher, dass eher schlechte Teilnehmer ihr «wahres» Leistungsvermögen beispielsweise durch schauspielerisches Talent verschleiern und die Ergebnisse verfälschen könnten.

Die von den Skeptikern angemahnte Verbesserung der Kandidatenleistungen bei Bekanntgabe der Anforderungen ergibt sich bei genauerer Betrachtung allerdings nicht automatisch. Schauspieler ohne entsprechende Verhaltenskompetenz entlarvt ein gutes AC recht schnell. Und nur weil ein Teilnehmer weiß, was prinzipiell gewünscht ist, heißt das noch längst nicht, dass er dieses Wissen auch in angemessenes Verhalten übersetzen kann. Diese Erkenntnis wird vermutlich vielen bekannt sein, die aufwändige Gerichte nach Rezept zubereiten und sich dennoch mitunter über Geschmack, Aussehen und Konsistenz des Endprodukts wundern: Das alleinige Wissen (in Form der Anleitung) bedeutet nicht zwingend Können (erfolgreiche Umsetzung des Rezepts).

Insgesamt kann festgehalten werden, dass besonders das selbstständige Erkennen der situativen Anforderungen ausgeprägte Auffassungsgabe und soziale Kompetenz anzeigt und damit ein Erfolgsbaustein im AC ist. Denn die Vorhersage späteren beruflichen Erfolgs durch AC «funktioniert» auch deshalb so gut, weil diese Verfahren nicht nur das Verhaltenspotenzial der Kandidaten, sondern auch deren Gespür für angemessenes Verhalten in unterschiedlichen arbeitsrelevanten Situationen erfassen. Gute Führungskräfte zeichnen sich schließlich unter anderem durch Sensibilität für Probleme oder den jeweiligen Gesprächspartner aus. Diese Antenne ermöglicht es ihnen, sich individuell auf Situationen und Menschen einzustellen. Ob das gezeigte Verhalten «ihrem Wesen entspricht» oder das Ergebnis überzeugender Schauspielerei ist, spielt dabei eine untergeordnete Rolle. Kurz: Wenn ein Kandidat aufgrund der Übungsinstruktion und des Verhaltens seines Gegenübers das optimale Verhalten bestimmen und entsprechend zeigen kann, spricht vieles dafür, dass ihm das auch im realen Führungsalltag gelingen wird.

Tendenziell kann man zum gegenwärtigen Zeitpunkt davon ausgehen, dass Transparenz der Qualität von AC zumindest nicht schadet. Ausschlaggebend für immer mehr Entscheidungen für «offene» Anforderungskriterien dürfte sein, dass dies bei den AC-Kandidaten in der Regel gut ankommt. Zudem können sich die Beobachter nur dann ein verlässliches Urteil über die Eignung einer Kandidatin machen, wenn ausreichend eindeutiges Beobachtungsmaterial, das heißt Verhaltensweisen im Sinne der jeweiligen Anforderungsdimensionen, zur Verfügung steht.

Nachdem der Leiter des Beispiel-AC also Ziele und Vorgehen beschrieben und den Zeitplan erklärt hat, stellt er den Anwesenden die acht Personen neben sich auf dem Podium namentlich und hinsichtlich ihrer Funktion vor. Wie nicht anders zu erwarten, handelt es sich dabei um die Beobachter, mitunter auch «Assessoren» genannt. Genau die Hälfte von ihnen hat Psychologie studiert, der Rest setzt sich aus Führungskräften, Linienvorgesetzten sowie Mitarbeitenden der Personalabteilung zusammen.

**Die richtige Mischung macht's!**
Die Teilnehmer werden während der Übungen immer von Zweierteams beobachtet (Mehraugenprinzip), deren Zusammensetzung von Übung zu Übung variiert (Beobachterrotation). Hier liegt natürlich ein erheblicher Unterschied zum Berufsalltag. So mancher Kandidat fragt sich, ob wirklich derart viele Beobachter notwendig sind und ob sich all die Psychologinnen überhaupt gut genug mit der angestrebten Position auskennen? Immerhin entscheiden sie in erheblichem Maß über berufliche Karrieren.

Das Vorgehen, Bewerberinnen und Bewerber von mehreren Personen unterschiedlicher Fachrichtungen beurteilen zu lassen, ermöglicht ein auf verschiedene Blickwinkel abgestimmtes Urteil. Zunächst einmal können Vorgesetzte fachliche und organisationsspezifische Aspekte besser bewerten als Psychologen, die hingegen soziales Verhalten treffsicherer zu beurteilen vermögen. Dazu muss man wissen, dass Beobachtung und Beurteilung menschlichen Verhaltens nie vollständig objektiv erfolgen kann: Wo Menschen das Verhalten anderer Menschen begutachten, beeinflussen individuelle Erfahrungen, persönliche Vorlieben, Einstellungen, Motivation und Konzentration, Fachwissen und Beobachtungsroutine die Wahrnehmung. Beurteilungen, Empfehlungen und Entscheidungen, die mit Hilfe der AC-Methode getroffen werden, sind also stets subjektiv gefärbt. Und Einschätzungen des einen Beobachters werden nie exakt mit denen seiner Kollegin übereinstimmen. Der Einsatz übungsweise wechselnder Assessoren hilft, die Wahrnehmungen und Einschätzungen breiter abzustützen. Die Beobachter sind gefordert, ihre Bewertungen gegenüber anderen zu begründen, wenn nötig zu hinterfragen und auf jeden Fall nachvollziehbar zu machen. Diese «kontrollierte Subjektivität» erlaubt es, dem Kandidaten oder der Kandidatin möglichst gerecht zu werden.

Damit das Verhalten der AC-Teilnehmer so unvoreingenommen wie möglich in klar definierten Übungen eingeschätzt werden kann, wird der Kontakt zwischen Kandidaten und Assessoren auf ein Minimum reduziert. So will man verhindern, dass die Beurteilungen durch Sympathie oder Antipathie beeinflusst werden. Daher bereiten sich Kandidaten und Beobachter nicht im selben Raum auf anstehende Übungen vor und nehmen ihr Essen an getrennten Tischen ein. Zudem gilt es als unseriös, wenn sich Beobachter noch während des laufenden AC über Kandidaten austauschen. Dieses Prinzip würde in letzter Konsequenz erfordern, dass Assessoren keine Vorabinformationen – wie beispielsweise Lebenslauf, Personaldossier oder Ergebnisse vorangegangener Stufen des Auswahlprozesses – über die Teilnehmenden erhalten. Die Umsetzung dieser Vorgabe wird allerdings je nach Design des Auswahlprozesses unterschiedlich gehandhabt.

**Auch Beurteiler machen Fehler …**
Urteilsverzerrungen geschehen im Alltag nahezu automatisch und normalerweise ohne böse Absicht. Wenn es im täglichen Leben darum geht, eine Situation schnell einzuschätzen, können gar nicht immer alle Informationen sorgfältig gesammelt, auf Vollständigkeit geprüft und abgewogen werden. Ehe dieser Prozess abgeschlossen und eine Entscheidung getroffen ist, wäre die Situation vermutlich bereits verpasst und eine Reaktion käme zu spät. Stattdessen ist es angezeigt, dem ersten Eindruck oder der eigenen Erfahrung zu vertrauen, um zum Beispiel Personen rasch einer – meist positiven oder negativen – Kategorie zuzuordnen. Dabei ist die grobe Richtung der Einschätzung offensichtlicher Merkmale meist in Ordnung, hat man doch in der Regel ein Gefühl dafür, mit wem man in einer Gruppe zusammenarbeiten oder mit wem man eine Wanderung unternehmen möchte. Meist erinnert man sich auf Anhieb nur an zutreffende Entscheidungen. Bei vertieftem Nachdenken wird man sich wohl aber auch der einen oder anderen Fehleinschätzung bewusst. Tatsächlich weiß man, dass der Mensch im Beurteilungsprozess Gefahr läuft, seine Bewertungen auf be-

stimmte Wahrnehmungsverzerrungen zu stützen. Diesen wirkt man im Hinblick auf die wegweisenden (Selektions-)Entscheidungen, die im AC gefällt werden, gezielt entgegen. Konkret heißt das, sie zuerst zu benennen und aufzuzeigen. Im Beobachtertraining werden persönliche Konsequenzen definiert, im systematischen Beurteilungsprozess des AC finden sich organisatorische Gegenmaßnahmen.

Beim sogenannten Hof-Effekt (nach dem Leuchtkegel um den Mond auch Halo-Effekt genannt) überstrahlt ein besonders markantes Merkmal einer Person andere Eigenschaften so stark, dass diese nur noch ungenügend zur Urteilsgewinnung herangezogen werden. So fällt ein Kandidat als hervorragender Kommunikator auf. Nun könnte es sein, dass er auch bei anderen Verhaltensmerkmalen wie Analysefähigkeit ebenfalls gut bewertet wird, weil er seine – möglicherweise mangelhaften – Überlegungen überzeugend verkauft. Gut definierte Beobachtungskriterien und professionelle Trainings helfen, diesem Fehler vorzubeugen. Die strikte Beurteilung eindeutig beschriebener Verhaltensmerkmale ist der Königsweg im Umgang mit diesem Effekt.

Beim logischen Fehler wird von einem Merkmal auf das Vorhandensein eines anderen Merkmals geschlossen. Einen solchen Effekt können Vorabinformationen auslösen, zum Beispiel «Kandidat X hat schon jahrelang erfolgreich in derartigen Positionen gearbeitet». Der eine oder andere Beobachter wird somit annehmen, dass er die betreffenden Aufgaben im AC sicher gut lösen wird. Auch ein bestimmtes Attribut des Kandidaten kann hier eine Rolle spielen, beispielsweise: «Wenn der so unleserlich schreibt, wird er es mit der Auftragsanalyse auch nicht allzu genau nehmen.» Dieser Fehler ist besonders deshalb unangenehm, weil er die Aufmerksamkeit nur noch auf diejenigen Informationen lenkt, die Beweise für dieses Vorurteil liefern. Beobachter in AC sollten sich deshalb gegen solche Informationen über die Kandidaten abschirmen und sich auf das Verhalten in den Übungen konzentrieren.

Mitunter treten auch Positionseffekte auf. Das heißt, es bleiben der erste und der letzte Eindruck, den ein Kandidat während der Übung hinterlässt, am stärksten im Gedächtnis haften und beeinflussen die Beurteilung maßgeblich. So können Einstiegs- oder Abschlusssätze eines Bewerbers unabhängig von seiner Leistung im Mittelteil der Übung das Urteil verzerren. Außerdem kann der erste Kandidat des Tages unbemerkt zum Maßstab für die folgenden Kandidaten werden. Dieser Effekt ist schwer zu korrigieren, da er hauptsächlich auf Gedächtnisphänomenen beruht und relativ erfahrungs- und einstellungsunabhängig ist. Es wäre günstig – aber leider nicht praktikabel –, die Beurteilung aller Kandidatinnen und Kandidaten ans Ende des AC-Tages zu verschieben. Stattdessen helfen kontinuierliche Verhaltensnotizen über den gesamten Beobachtungszeitraum den Assessoren wohl am meisten.

Bisweilen werden erwünschte Verhaltensweisen des Kandidaten stark, unerwünschte hingegen kaum beachtet (Milde-Effekt) oder umgekehrt (Strenge-Effekt). Diese Verzerrung beruht hauptsächlich auf der Sympathie bzw. Antipathie der Beobachter. Diesem Problem ist durch Beobachterrotation und das Mehraugenprinzip zu begegnen, da sich so mögliche Sympathie-Antipathie-Effekte am Ende des AC ausgleichen. Zudem erweist sich die strikte Abgrenzung der Assessoren von den Kandidaten während des AC als probates Gegenmittel.

Das Erkennen von Verhaltensweisen beim Kandidaten, die

einem selbst fehlen (Kontrasteffekt) beziehungsweise die man persönlich bevorzugt (Ähnlichkeitseffekt), kann zu entsprechender Auf- oder Abwertung führen. Gut möglich, dass sich ein Beobachter zu einer allzu guten Bewertung hinreißen lässt, wenn der Teilnehmer das schwierige Mitarbeitergespräch genauso anpackt, wie er selbst es getan hätte. Die Zustimmung basiert dann jedoch weniger auf der Übereinstimmung mit dem Anforderungsprofil, sondern auf der Kongruenz mit der eigenen, subjektiven Lösung. Sich selbst, die eigene Persönlichkeit und eigene Vorlieben gut zu kennen, ist deshalb wichtig für Personen, die andere Menschen beurteilen sollen. Wie es auch für den Milde- und Strenge-Effekt gilt: Wer seine eigenen Defizite und Vorurteile kennt, kann sie kontrollieren.

Im AC verhindern Beobachtertraining und organisatorische Vorkehrungen, dass die aufgeführten «Beurteilerfehler» einen maßgeblichen Einfluss auf die Einschätzung des Kandidaten sowie letztlich die (Selektions-)Entscheidung haben. Organisatorische Vorkehrungen sind:

- räumliche Trennung zwischen Beobachtern und Beurteilern,
- detaillierte Beurteilungsformulare mit eindeutigen Verhaltensmerkmalen,
- Mehraugenprinzip,
- Beobachterrotation.

In unserem Beispiel-AC beginnen nun die Übungen. Die letzte inhaltliche und organisatorische Frage ist geklärt. Gleich zum Einstieg sollen sich die Bewerberinnen und Bewerber spontan in einem Kurzreferat vorstellen und Stellung zu einem Statement beziehen. Dafür berichten sie der Reihe nach über ihren beruflichen und privaten Werdegang und diskutieren anschließend eine These, die ihnen zugelost wird. Während sie versuchen, gleichzeitig unterhaltsam zu erscheinen und argumentativ zu überzeugen, machen sich die Assessoren eifrig Notizen. Viele Teilnehmer versuchen, bereits im Laufe einer Übung Informationen darüber zu sammeln, wie sie sich gerade schlagen. Im nächsten Abschnitt wird allerdings deutlich, dass wegen des systematischen Beurteilungsprozesses im AC ein heimlicher Blick auf die Notizblätter der Beobachter wenig hilft.

**Vorschnellen Urteilen vorbeugen**
Alltagsbeobachtungen laufen meist unbewusst und blitzschnell ab. Dem berühmten Bauchgefühl fällt dabei eine größere Rolle zu als gründlichem Abwägen möglichst vieler Informationen. AC-Beobachtungen müssen hingegen strukturiert und fundiert sein, um ein differenziertes, nachvollziehbares Bild des Kandidaten und seines anforderungsrelevanten Verhaltens zu ermöglichen. Erfahrene Assessoren messen dem ersten Eindruck einer Person daher wenig Bedeutung bei und trennen den Beurteilungsprozess in zwei Phasen: Beobachtung und Bewertung. Während der laufenden Übung notieren sie sich beobachtend ihren Eindruck vom Verhalten des Kandidaten: Was tut und sagt er? Wie verläuft das Gespräch/die Diskussion? Mit Hilfe der Notizen lassen sich Benotungen später besser nachvollziehen und begründen. Dafür müssen sie Verhalten klar beschreiben und sollten noch keine subjektiven Wertungen vornehmen.

In der Beurteilungsphase nach Abschluss der Übung werten die Beobachter ihre Mitschriften zunächst unabhängig voneinander aus und bearbeiten die Beobachterbögen, auf denen sie ihre Einschätzung in Form von Punktwerten vermerken. Benotet werden nur diejenigen Anforderungsdimensionen, die während der AC-Entwicklung für die entsprechende Übung festgelegt wurden. Häufig greift man dazu auf Checklisten zurück, die besonders relevante Verhaltensausprägungen beschreiben. Bei der Kommunikationsfähigkeit sind dies beispielsweise «spricht flüssig», «spricht in angemessener Lautstärke» oder «verfügt über großen Wortschatz»; im Bereich der Informationsverarbeitung könnte das heißen: «erfasst den Kern des Problems» oder «setzt angemessene Prioritäten». Jeder dieser «Verhaltensanker» wird dahingehend beurteilt, ob er in der Übung verlässlich beobachtet, und dann entsprechend benotet werden konnte. Abschließend geben die Assessoren eine Gesamtbewertung für jede Anforderungsdimension an und belegen sie mit Verhaltensbeispielen aus der Beobachtungsphase.

Manchmal schließt sich dann noch als dritter Schritt die sogenannte Urteilsintegration an. Nachdem die beiden Assessoren unabhängige Benotungen vorgenommen haben, werden ihre Einschätzungen verglichen. Im Falle von Differenzen einigt man sich in einem strukturierten Gespräch auf eine gemeinsame Note, die dem Verhalten des Kandidaten am ehesten entspricht.

Als Nächstes steht im Beispiel-AC ein Mitarbeitergespräch auf dem Programm. Der Moderator erklärt den Teilnehmern das Prozedere dieses Rollenspiels. Außer dem Moderator, der nach einer kurzen Vorbereitungsphase die Rolle des Mitarbeiters einnehmen wird, mit dem der Kandidat ein Gespräch führen soll, haben zwei Beobachter im Hintergrund Platz genommen und verfolgen aufmerksam das Geschehen.

Im Anschluss daran bearbeiten die Teilnehmer einen schriftlichen Persönlichkeitstest, indem sie fast dreißig Minuten lang Aussagen zustimmen oder sie ablehnen. Dann steht eine angenehmere Aufgabe auf dem Programm: das Abendessen.

Viele Kandidatinnen und Kandidaten sind sich unsicher, ob auch die Mahlzeiten Teil der Tests sind, ob sie sogar während des Essens beobachtet und womöglich ihre Tischmanieren beurteilt werden. Das ist nicht auszuschließen, wenngleich systematische Verhaltensbeobachtungen beim Essen methodisch und praktisch bedenklich sind. Davon abgesehen sollten sich Kandidaten nicht wundern, wenn insbesondere die Assessoren während der (Essens-)Pausen und des gesamten AC Abstand wahren. Diese Distanz ist – wie oben erläutert – bewusst gewählt.

Nach einer Verdauungspause müssen die Teilnehmer des exemplarischen AC noch eine «Führerlose Gruppendiskussion» absolvieren, bevor der ereignisreiche und anstrengende Tag ausklingt.

Am nächsten Morgen kündigt ein Blick auf den Zeitplan eine Postkorb-Aufgabe an. Ein weiteres Rollenspiel rundet den Vormittag ab. Mussten sich die Kandidatinnen und Kandidaten am Vortag der Probleme eines fiktiven Mitarbeiters annehmen, konfrontiert sie die heutige Rollenspielaufgabe mit einer Kundin, die offenbar unzufrieden mit dem Vorankommen eines Projekts ist und sich eindrücklich darüber beschwert.

Im Anschluss füllen die Bewerber weitere Fragebögen aus, bevor es zum Mittagessen geht. Der letzte halbe AC-Tag wird von einer Reihe kurzer Fallstudien eingeläutet. Der Moderator liest nacheinander Situationsbeschreibungen vor und bittet, sich spontan zum möglichen Vorgehen in den problematischen oder konfliktträchtigen Situationen zu äußern.

Auf die vorletzte Übung des AC können sich die Teilnehmer wieder ausgiebig vorbereiten. Während einer Stunde feilen sie an einer Präsentation, welche die fachliche Auseinandersetzung mit einer aktuellen strategischen Fragestellung zum Thema hat. Im direkten Anschluss daran folgt ein einstündiges Interview, das sich sowohl mit Aspekten des zuvor gehaltenen Referats als auch mit berufsbezogenen biografischen Details aus dem Lebenslauf der Kandidaten beschäftigen wird. Wie von den Teilnehmern vermutet, haben sich die AC-Organisatoren den heiklen Teil bis zum Schluss aufgespart.

Einer der beiden in der Präsentation anwesenden Beobachter führt danach gemeinsam mit einem Moderator das Interview. Stellt der eine die Frage, macht sich der andere Notizen und umgekehrt. Die auf mehreren Blättern offensichtlich vorformulierten Fragen betreffen die berufliche Ausbildung, den bevorzugten Arbeitsstil sowie Vorstellungen bezüglich weiterer Entwicklungsmöglichkeiten. Der Kandidat soll seine Stärken und Schwächen benennen und mit Beispielen aus seinem beruflichen Alltag konkretisieren. Obwohl die Gesprächsatmosphäre weitgehend entspannt erscheinen sollte, verunsichern einige Fragen die AC-Teilnehmer stärker als ihnen lieb ist. Verständlicherweise mögen es die meisten Menschen nicht, sich über Gebühr exponieren zu müssen. Gut möglich, dass dieser Punkt von den Beobachtern gleich aufgegriffen wird mit der Frage, ob sich der Bewerber denn bewusst sei, dass die angestrebte neue Position es erfordere, sich stärker als bisher sozialer Beurteilung auszusetzen.

**Dem Zusammenstoß der Meinungen entspringt die Wirklichkeit**

Nach Abschluss des AC findet in der Regel eine moderierte Beobachterkonferenz statt, in der Leistung und Verhalten jedes einzelnen Teilnehmers nochmals ausführlich von sämtlichen beteiligten AC-Mitarbeitern erörtert und zu einem Konsensurteil verdichtet werden. Dazu präsentiert man den Assessoren die Bewertungen zu jedem Kandidaten im Überblick. Äußert ein Beobachter Bedenken bezüglich einzelner Bewertungen, werden diese unter allen Anwesenden diskutiert. Anhand der konkreten Verhaltensnotizen der jeweils verantwortlichen Assessoren und Moderatoren aus den Übungen wird das Zustandekommen der kritisierten Urteile nachvollzogen und diese werden – falls plausibel – gegebenenfalls angepasst. Ziele der Schlusskonferenz sind einerseits stimmige Ergebnisprofile, die jedem Teilnehmer möglichst gerecht werden und unter den AC-Mitarbeitern breit abgestützt sind. Jeder Feedbackgeber soll andererseits die Ergebnisse desjenigen Kandidaten, dem er Leistungsrückmeldung gibt, so gut nachvollziehen können, dass er sich optimal auf die mündlichen und schriftlichen Feedbacks vorbereiten kann.

Im Vorbereitungsraum warten die Teilnehmerinnen und Teilnehmer mittlerweile auf den Abschluss des Testteils des Beispiel-AC. Dessen Leiter bedankt sich bei allen für die engagierten Leistungen der letzten beiden Tage und geht nochmals auf einzelne Übungen sowie Informationsbedürfnisse seitens der Kandidaten ein. Er erfragt ihre Eindrücke und verteilt am Ende einen kurzen Evaluationsbogen, der die Zufriedenheit der Teilnehmer mit ihren Leistungen sowie dem AC erfasst. Dieser kann Fragen zur Verständlichkeit und Realitätsgehalt der Aufgabenstellungen, Seriosität der Beobachter und Moderatoren, Transparenz der Anforderungen, Atmosphäre während der Übungen sowie zur Qualität der Unterbringung und Verpflegung enthalten.

Teilnehmer an Testverfahren haben – auch das unterscheidet systematische Beurteilungen von solchen im Alltagsleben – prinzipiell ein Recht auf Rückmeldung ihrer Resultate. Dieses Feedback kann wahlweise mündlich oder schriftlich erfolgen und muss kurzfristig, das heißt etwa zwei bis vier Wochen nach Abschluss der Tests, erbracht werden. In ausführlichen persönlichen Feedbackgesprächen sollen AC-Teilnehmern ihre Leistungen verhaltensnah zurückgemeldet und Akzeptanz für getroffene (Auswahl-)Entscheidungen geschaffen werden. Hintergrund dessen ist die Forderung, dass Auswahlverfahren stets einen Beitrag zur zielgerichteten Weiterentwicklung der Getesteten leisten sollten. Konkrete, mit verhaltensnahen Beispielen gespickte Leistungsrückmeldungen, die dazu einen Vergleich zwischen Selbst- und Feindbild enthalten, erfüllen dieses Kriterium sehr gut.

### Systematische Verhaltensbeobachtung: hehres Ziel oder praktizierte Realität?

In diesem Kapitel wurden wichtige Qualitätsmerkmale des systematischen Beurteilungsprozesses in AC-Verfahren beschrieben. Abschließend wollen wir der Frage nachgehen, ob sich Großunternehmen im deutschsprachigen Raum bei der Durchführung ihrer AC daran orientieren. Somit kann man einschätzen, inwiefern man als AC-Kandidat realistischerweise mit der Einhaltung solcher Standards rechnen darf. In einer groß angelegten Untersuchung unter Beteiligung von 97 Unternehmen, die zu Selektions- oder Personalentwicklungszwecken auf AC zurückgreifen, wurde 2007 die Einhaltung maßgeblicher Qualitätsstandards professioneller AC-Verfahren überprüft.

Es fällt durchweg *positiv* auf, dass zumindest ein Teil der eingesetzten Beobachter über eine psychologische Ausbildung verfügt. Beobachtungen werden weitgehend von den Beurteilungen getrennt, und das Verhältnis von Beobachtern zu Bewerbern beträgt durchschnittlich 1:2. Nahezu alle befragten Unternehmen achten auf Verfahrens- und Beobachtungsvielfalt und führen individuelle Feedbackgespräche mit den Kandidatinnen und Kandidaten.

Als tendenziell *in Ordnung*, aber dennoch verbesserungswürdig identifizierten die Forscher oberflächliche Anforderungsanalysen sowie (zu) kurze Beobachtertrainings, in denen noch dazu allzu häufig auf praktische Übungen verzichtet wird. Kritisch ist auch der Einsatz einfacher Beurteilungsskalen ohne Verhaltensverankerung bei immerhin einem Fünftel der Unternehmen zu sehen sowie die fehlende Beobachterrotation bei sogar zwanzig Prozent der befragten Firmen. Die Rollenspieler verfügen noch zu selten über ausreichende Professionalität, was insbesondere bei wenig standardisierten Rollenanweisungen Probleme bereitet.

*Bedenklich* stimmt schließlich der Befund, dass in nahezu der Hälfte der befragten Unternehmen Beobachter gezielt mit Vorabinformationen über die Bewerber versorgt und damit Urteilsfehler begünstigt werden. Zudem ermöglichen vier von fünf Firmen Kommunikation zwischen den Beobachtern und Bewerbern außerhalb der Testsituationen. Weiterhin erfolgt in etwa vierzig Prozent der Fälle ein Austausch zwischen den Assessoren über die Bewerber bereits zwischen den Subtests. Eine systematische Evaluation des AC wird nur von knapp einem Viertel durchgeführt.

Wissen über die Qualitätsmerkmale eines AC und über die Hintergründe des Beurteilungsprozesses geben dem Kandidaten die Sicherheit, sich grundsätzlich einem fairen Verfahren zu stellen. Zudem erhält er damit eine Grundlage für gezieltes Nachfragen – sei es in der Evaluationsrunde direkt nach dem AC oder anlässlich des Feedbackgesprächs – wenn etwas aus seiner Sicht unklar oder unregelmäßig gelaufen ist. Professionelle Anwender, die sich an den Standards der AC-Technik orientieren, werden keine Probleme haben, ihr Vorgehen dem Kandidaten verständlich zu machen.

> **Auf einen Blick**
> Beurteilung im AC unterscheidet sich wesentlich von jener im Alltag. Die systematische Gestaltung des Beobachtungs- und Beurteilungsablaufs erlaubt es, möglichen Fehlerquellen gezielt entgegenzuwirken. So werden die einzelnen Anforderungsdimensionen im Verlauf des AC in mehreren Übungen erfasst. Auch setzt man die Kandidatin bzw. den Kandidaten darüber in Kenntnis, was bei welcher Aufgabe beobachtet wird. Diese Transparenz ist zwar nicht unumstritten, weckt aber bei den Teilnehmern Vertrauen. Zentral für die qualitativ hochstehende Umsetzung des AC sind natürlich die Beobachter, auch Assessoren genannt. Positiv wirken sich auf die Güte der Einschätzungen Teams aus Psychologen und

mit dem Unternehmen bestens vertrauten Führungskräften aus. Diese rotieren im Verlauf des AC, sodass die Kandidaten von möglichst vielen verschiedenen Beobachtern eingeschätzt werden. Möglichen Wahrnehmungsverzerrungen begegnet man mit organisatorischen Vorkehrungen wie zum Beispiel einer bewussten Distanz zu den Teilnehmern und der strikten Trennung zwischen Beobachtung (während der Prüfung) und Beurteilung (nach der Prüfung) sowie mit wiederholten Assessorenschulungen. Manchmal werden die Bewertungen bereits direkt im Anschluss an die einzelnen Übungen diskutiert, spätestens in der abschließenden Beobachterkonferenz kommt es zum Abgleich der Einschätzungen. Das Ziel ist ein stimmiges, dem Kandidaten gerecht werdendes Stärken-Schwächen-Profil sowie gegebenenfalls eine umfassend abgestützte Selektionsentscheidung.

Beurteilungen kommen nicht ohne Beurteiler aus. Deshalb ist es illusorisch anzunehmen, dass Verzerrungen ganz zu vermeiden wären. Es ist somit zwecklos, Objektivität verlangen und anstreben zu wollen. Der klar vorgegebene, systematische Beurteilungsprozess erlaubt es dem AC jedoch wie kaum einem anderen Verfahren, die unvermeidliche Subjektivität zu kontrollieren. Damit wird man dem Anspruch gerecht, die Teilnehmenden fair, fundiert und nachvollziehbar zu bewerten.

## 5. Bereit sein fürs Assessment-Center

*Zu wissen, was einen erwartet, ist das eine; zu wissen, wie man sich darauf vorbereiten kann, ist das andere. Je näher der Zeitpunkt des AC heranrückt, desto mehr steht für Herrn M. natürlich Letzteres im Vordergrund. Dabei ist ihm das große Angebot an Ratgeberliteratur nicht entgangen. Eine kurze Internetrecherche ergab mehr als 100 Bücher zum Thema, auch stieß er auf zahlreiche Websites mit entsprechenden Hinweisen und praktischen Tipps. Einerseits fehlt ihm nun aber die Zeit, sich in diese Ratgeber zu vertiefen, andererseits ist er grundsätzlich skeptisch. So weiß er von einem Kollegen, der sich mit Hilfe eines «Fit fürs Assessment»-Buchs vorbereitet hatte und dann prompt das AC nicht bestand. Irgendwie ist Herrn M. klar, dass es wenig Sinn haben dürfte, Rezepte zu befolgen und sich dazu fixe Verhaltensweisen anzutrainieren. Bekanntlich präsentieren sich die Aufgaben im AC je nach Situation und beteiligten Personen immer wieder anders. Deshalb fokussiert Herr M. die Informationssuche auf realistische Tipps und Hinweise, die ihm helfen, das AC zuversichtlich anzugehen.*

**Was man bei der Vorbereitung tun und lassen sollte**

«Gib mir die Gelassenheit, Dinge hinzunehmen, die ich nicht ändern kann; gib mir den Mut, Dinge zu ändern, die ich zu ändern vermag, und gib mir die Weisheit, das eine vom andern zu unterscheiden» – dieser Leitsatz wird an Managementseminaren und Führungs-Kursen gern verwendet und dürfte bestens bekannt sein. Wir bringen ihn an dieser Stelle ebenfalls an, weil er die Zielsetzung dieses Abschnitts treffend wiedergibt.

Die weiter oben beschriebenen Merkmale eines AC sind Tatsachen, die es hinzunehmen gilt. Wenn die AC-Teilnehmerin deren Sinn verstanden hat, fällt es ihr vermutlich um einiges leichter, das Auswahlverfahren mit Gelassenheit zu ertragen. So mag es beispielsweise etwas irritierend sein, nach einer Gruppenübung oder nach einem Rollenspiel keine Auskunft darüber zu erhalten, wie man abgeschnitten hat. Im Hinblick auf eine aussagekräftige Selektionsentscheidung ist es jedoch sinnvoll, die einzelnen Übungsergebnisse nicht vorschnell zu kommunizieren. Auch scheinen manche psychologischen Tests auf den ersten Blick keinen direkten Zusammenhang mit der angestrebten Position aufzuweisen. Wenn man aber weiß, dass gezielt ausgewählte Tests wichtige Informationen beisteuern und das Urteil breiter und besser abstützen, wird man die Kreuzchen im Persönlichkeitstest mit einem besseren Gefühl setzen. Kurz: Es ist nicht ratsam, die Übungsanlage an sich in Frage zu stellen. Diese sollte akzeptiert und mit der richtigen Einstellung angegangen werden. Nichtsdestotrotz gibt es Elemente des AC, auf deren erfolgreiche Bewältigung man sich vorbereiten kann. Diese werden im ersten Teil dieses Kapitels erörtert.

**Die Präsentationsübung**
Wie oben erwähnt enthalten neun von zehn AC im deutschsprachigen Raum mindestens eine Präsentationsübung. Dabei muss der Kandidat entweder relativ spontan zu einem bestimmten Thema Stellung nehmen oder er hat ein vorbereitetes Konzept zu präsentieren. Je nach Zielposition und Anforderungsprofil gilt es manchmal sogar ein Referat oder eine Art Musterlektion zu halten. Die Inhalte sind selbstverständlich von AC zu AC verschieden. Sie hängen vom unternehmerischen Umfeld, vom Tagesgeschehen und von den für die zu besetzende Stelle verlangten Fähigkeiten ab. Es kann zwar hilfreich sein, wenn man sich als Kandidat im Voraus den einen oder anderen Problembereich gedanklich zurechtlegt, nur sollte man nicht zu viel Energie darauf verwenden. Umso mehr, als man Gefahr läuft, aus dem Konzept zu geraten, wenn dann gar nichts von dem gefragt ist. Vielmehr ist es angezeigt, vorab an den grundlegenden Qualitätsmerkmalen einer Präsentation zu arbeiten. Das sind zum einen die Struktur des Vortrags und zum andern die Kommunikationstechnik.

In der einschlägigen Literatur finden sich zahlreiche Raster für die Strukturierung einer Präsentation. Wenn für die Zuhörer Einleitung, Hauptteil und Schluss erkennbar werden, so ist das zwar nicht schlecht, damit hebt man sich aber wohl kaum von anderen Kandidaten ab. Vielmehr will man Beobachterinnen und Beobachter mit einem spezifischen und originellen Aufbau für sich gewinnen. Diesbezüglich hat sich die von Natalie Rogers entwickelte *Talk-Power-Formel* schon oft bestens bewährt. Das Ganze ist auf jede beliebige Themenstellung übertragbar. Gleichzeitig berücksichtigt man automatisch die wesentlichen Elemente eines Referats. Trotz – oder vielleicht gerade wegen – der klaren Struktur ist Platz sowohl für kreative Einfälle als auch für persönliche Bemerkungen oder fundierte Darstellungen. Am besten lassen wir nun mal die Katze aus dem Sack und erläutern diese Methode, um dann deren Umsetzung an einem Beispiel zu illustrieren.

Auch die *Talk-Power-Formel* kommt nicht um die traditionellen Elemente Einleitung, Hauptteil und Schluss herum. Diese werden jedoch weiter in schließlich sieben Abschnitte untergliedert. Von ihnen hat jeder eine besondere Funktion. Insgesamt ergibt dies ein Basismodell, das der Rede einen Aufbau vorgibt, der sich auf jedes Sachgebiet anwenden lässt.

Im ersten Teil wird mit *einleitenden Worten* auf den Themasatz hingeführt. Der Start der Rede soll die Aufmerksamkeit der Zuhörenden wecken. Wenn man einen passenden Witz oder eine Anekdote zu bieten hat, ist das natürlich gut. Man muss sich aber bewusst sein, dass man damit auch Gefahr läuft, ins Fettnäpfchen zu treten. Weitere Möglichkeiten, Emotionen zu wecken, sind rhetorische Fragen oder Zitate. Der anschließende *Themasatz* lenkt dann die Zuhörenden in eine bestimmte Richtung – gewissermaßen wie ein Wegweiser. Er enthält eine klare Aussage dazu, worum es im Referat geht. Er soll kurz sein, beispielsweise in Form eines Titels oder einer Überschrift. Oft wird er auch als Frage formuliert, die indes nicht länger als ein Hauptsatz sein darf. Danach folgt mit dem *Thesensatz* das Kernstück. Hier legt der Referent die Karten auf den Tisch. Das kann ein Problemlösungsangebot oder aber auch eine provozierende Aussage sein. Auf jeden Fall dürfen die Anwesenden an dieser Stelle ruhig etwas herausgefordert werden. Der Thesensatz ist der wichtigste Satz des Vortrags. Auch wenn die Zuhörenden die Rede bald wieder vergessen haben, so sollte doch zumindest diese Aussage noch eine Weile hängen bleiben.

Im zweiten Teil geht der Referent auf seinen *persönlichen Hintergrund* ein. Er legt seinen Bezug zum Thema offen und macht nach Möglichkeit deutlich, dass genau er die richtige Person ist, sich zur betreffenden Problemstellung zu äußern. Zu beachten ist, dass es dabei um das Thema und nicht um die These geht. Danach folgt die *Argumentation*. Hier wird näher auf die sachlichen Aspekte eingegangen. Besonders überzeugend wirkt, wenn die Referentin Pro- und Kontra-Argumente aufführen und schlüssig einander gegenüberstellen kann. Unabhängig davon, wie lange die Rede dauert, sollte dieser Teil nie mehr als sieben Argumente enthalten. Mit der Argumentation führt man die Zuhörer an den *Höhepunkt* heran, auf dem die Kernbotschaft kurz und prägnant mitgeteilt wird. Er ist Teil des Argumentationsabschnitts, in dem es darum geht, einen Schlusseffekt zu erzielen. Diesen kann man durch anregende Inhalte wie beispielsweise eine schockierende Statistik, durch eine leisere Stimme oder einen Positionswechsel schaffen.

Der eigentliche *Schlussteil* besteht nur noch aus einem Element. Hier erfahren die Anwesenden, welche Konsequenz sie aus dem soeben Gehörten ziehen sollen. Indem die Thesenaussage nochmals wiederholt wird, schließt man den Bogen, und die Zuhörenden wissen, dass die Rede beendet ist.

Damit man sich eine bessere Vorstellung von der *Talk-Power-Formel* machen kann, folgt nun ein Musterreferat, das sich – wie könnte es anders sein – dem Thema AC widmet. Gehen wir also davon aus, man habe als AC-Kandidat die Aufgabenstellung erhalten, sich in einer Kurzpräsentation zu folgendem Thema zu äußern: «Die richtige Führungsperson auswählen!»

(Einleitende Worte:) «Eine Fehlbesetzung ist immer auch eine Fehlinvestition. Ein Wechsel auf einer Kaderposition kostet normalerweise mehrere Hunderttausend Franken. Nicht beziffert ist hier der beträchtliche Imageschaden für die Unternehmung und die betroffenen Personen. Darum ist man mit Blick auf die Auswahl von Kaderpersonen bereit, einen großen zeitlichen und finanziellen Aufwand zu betreiben. Es stellt sich nur die Frage, ob diese Mittel auch zielgerichtet eingesetzt werden – oder anders formuliert:

(Themasatz:) «Mit welchem Vorgehen identifiziere ich die fähigsten Personen für eine Führungsposition?»

(Thesensatz:) Ich behaupte, dass bei fachlich gleich gut qualifizierten Kandidaten letztlich die Auffassungsgabe und die sozialen Kompetenzen den Ausschlag für den Erfolg in einer Führungsposition geben. Es ist also ein Verfahren erforderlich, in dem diese Fähigkeiten anhand realistischer Situationen getestet werden. Und wir alle wissen, nur im AC werden sowohl die Informationsverarbeitung als auch das soziale Verhalten der Kandidaten in praxisnahen Aufgabenstellungen gezielt beobachtet und beurteilt.

(Persönlicher Hintergrund:) Nun, ehrlich gesagt komme ich mir nun schon etwas komisch vor, mich an dieser Stelle zu diesem Thema zu äußern. Hier im Raum sitzen ja erfahrene AC-Experten und -Expertinnen, die sich dazu viel fundierter äußern könnten. Wie auch immer, glücklicherweise bin ich nicht ganz unbeleckt von jeglicher Sach- und Fachkenntnis, da ich mich auf drei konkrete AC-Erfahrungen berufen kann. Als ich mich vor 15 Jahren bei der Firma S. um eine kaufmännische Lehre bewarb, musste ich ebenfalls ein AC absolvieren. Zusammen mit anderen Bewerberinnen und Bewerbern hatte ich mich vor allem in diversen Teamübungen zu bewähren. Ich muss sagen, mich hat damals sehr überzeugt, welchen Aufwand man zur Auswahl der Auszubildenden betrieb. Die Unternehmung bewies damit nicht zuletzt, welch großen Stellenwert sie der Lehrlingsausbildung beimisst. Entsprechend froh war ich, zu den Glücklichen zu gehören, die dann tatsächlich bei der Firma S. ihre Berufslehre antreten durften. Während dieser erhielten einzelne Teams schon bald konkrete Projekte, die sie möglichst selbstverantwortlich planen, durchführen und abschließen mussten. Spätestens dann wurde mir klar, warum wir mit der AC-Methode selektiert worden waren. Später dann in der Fachhochschule wurde uns die Gelegenheit geboten, freiwillig ein AC zu absolvieren. Selbstverständlich ließ ich mir diese Chance nicht entgehen und durfte dann im Feedback erfahren, dass ich durchaus das Potenzial zur Führungskraft habe. Zuvor hatte ich mir kaum Gedanken darüber gemacht, ob ich eine solche Laufbahn einschlagen möchte. Ich darf sagen, dass ich ohne dieses AC jetzt nicht hier stehen würde. Das letzte Beispiel ist hingegen weniger erfreulich. Nach Abschluss der Fachhochschule bewarb ich mich unter anderem bei der Firma A. Auch hier wurde ich zu einem sogenannten AC eingeladen. Sogenannt deshalb, weil das Vorgehen überhaupt nicht meinen Erfahrungen und Erwartungen entsprach. Es bestand aus einem unverbindlichen Gespräch mit einem Mitarbeiter der Personalabteilung, der mein Bewerbungsdossier offenkundig nicht gelesen hatte und wenig an meinen Äußerungen interessiert schien. Dann wurde mir ein Werbevideo über die Firma gezeigt. Schließlich hatte ich noch einige psychologische Tests auszufüllen, wobei mir nicht klar wurde, was diese Unmenge an Fragen mit der angestrebten Tätigkeit zu tun haben sollte. Dafür erhielt ich dann einen 20-seitigen Bericht zugesandt, der offenkundig automatisiert erstellt worden war. Die Einladung für ein weiteres Gespräch habe ich dann abgelehnt. Kurz: Zumindest als AC-Kandidat kann ich mich auf eine breite Erfahrungsbasis abstützen. Ich weiß, wie das Verfahren auf der Empfängerseite ankommt. Auch habe ich mich in der Vorbereitung auf dieses AC mit einigen Führungskräften zu dieser Thematik unterhalten und den einen oder anderen Artikel gelesen. Dabei bin ich auch auf ein paar Kritikpunkte gestoßen.

(Argumentation:) «Erfahrene Führungskräfte erkennen geeignete Kandidaten schnell, dafür braucht es kein so aufwändiges Verfahren» – wir alle wissen, dass Bauchentscheidungen oft zutreffend sind. Nun dürfte es aber ein abgelehnter Kandidat kaum akzeptieren, wenn man ihm mitteilt, dass man sich auf Grund eines unguten Gefühls gegen ihn entschieden habe. Nach einem zweitägigen AC, in dem man sich in mehreren relevanten Situationen hat bewähren müssen und dabei stets unter Beobachtung stand, wird man die Entscheidung sicher besser annehmen können.

«Der beste Test ist noch immer die Probezeit» – dem ist inhaltlich kaum zu widersprechen. Es ist aber auch nahe liegend, dass dies bei der Auswahl von Führungskräften nicht möglich ist. Ein gut gestaltetes AC ist eine Art verkürzte Probezeit und erlaubt, mehrere Kandidaten gleichzeitig oder innerhalb einer kürzeren Zeitspanne unter die Lupe zu nehmen. Folglich ist dieser Kritikpunkt eher ein Plädoyer für das AC.

«Im AC sind vor allem gute Schauspieler erfolgreich» – zugegeben, es gibt Übungen, wie beispielsweise gerade diese Präsentation, in denen der gute Kommunikator im Vorteil ist. Ich meine aber, dass dies doch durchaus eine Kompetenz ist, die man von einer Führungskraft verlangen darf. Was die Schauspielerei betrifft, so erinnere mich an mein erstes AC, als uns gesagt wurde, dass wir uns damit nur schaden würden. Sollte man nämlich angenommen werden, weil man eine bestimmte Rolle offenbar ganz gut gespielt habe, müsste man diese Rolle dann konsequenterweise auch im Alltag einnehmen. Schließlich sei noch erwähnt, dass es bedeutend schwieriger ist, in einem zweitägigen AC etwas vorzugeben, was man nicht ist, als in einem einstündigen Bewerbungsgespräch.

«Es ist unmöglich, die wahre Persönlichkeit eines Menschen zu erfassen» – nun, ich bin kein Psychologe, der gesunde Menschenverstand sagt mir einfach, dass das tatsächlich ein Ding der Unmöglichkeit und wahrscheinlich auch nicht das Ziel eines AC ist. Ich bin ja nicht einmal in der Lage, mich selbst hundertprozentig zu ergründen. Wenn ich aber an die Feedbacks denke, die ich in meinen ersten beiden AC erhalten habe, dann hatten die immer mit dem gezeigten Verhalten zu tun und zielten nur ergänzend auf Aspekte meiner Persönlichkeit ab. Zum einen war es jeweils sehr erstaunlich, was die geschulten Beobachter so alles erkannt hatten, zum anderen erhielt ich wertvolle Hinweise, wie ich mein Verhalten in bestimmten Situationen verbessern könnte. Ich kann sagen, dass ich diese Erkenntnisse in der Zwischenzeit schon recht häufig im Alltag, zum Beispiel in schwierigen Gesprächen, habe anwenden können – und ich hoffe natürlich, dass man gerade jetzt in dieser Präsentation etwas davon merkt.

«Ein schlauer Kandidat durchschaut die Übungsanlage eines AC» – wer einmal in der Situation war, sich unter gezielter Beobachtung von Experten einem Rollenspieler oder Moderator gegenüberzusehen, mit dem man ein heikles Mitarbeitergespräch führen muss und der einen entsprechend mit provokanten Argumenten aus der Reserve lockt, wird diese Aussage relativieren. Vor allem in einem Selektions-AC steht man unter einem Basisstress, der bei konfliktgeladenen Aufgaben noch zunimmt. Also hat man meistens genug mit sich selbst zu tun und folglich keine Ressourcen mehr, sich zu überlegen, was hinter der betreffenden Übung steckt und was die Beobachter wohl sehen wollen. Wenn Kandidaten aber intuitiv das Wesentliche einer Aufgabenstellung erfassen und im Sinne der Sache handeln, dann ist davon auszugehen, dass sie diese Fähigkeit auch im Alltag unter Beweis stellen können.

(Höhepunkt, mit leiserer Stimme, sich bewusst dem Publikum zuwenden:) Und genau darum geht es: Wir alle wollen Führungskräfte, die den Kern einer Sache rasch erfassen, angemessene Entscheidungen treffen und sozial kompetent handeln.

(Schluss:) Das kann nirgendwo besser als im AC beobachtet und beurteilt werden. Wir, die Kandidaten, werden mit Aufgaben konfrontiert, die wir in der angestrebten Tätigkeit erwarten. Wir müssen die Informationen zielgerichtet verarbeiten und in Gesprächen und Diskussionen in soziale Handlungen umsetzen.

… nun bleibt mir nur zu hoffen, dass mir das auch gelingt und ich schließlich als fähige Führungsperson eingeschätzt werde.»

Die *Talk-Power-Formel* lässt sich nicht nur auf jedwede Fragestellung anwenden, sie kann auch bei verschiedensten Gelegenheiten eingeübt werden. In den Wochen vor einem AC kann man also beim Warten auf den Bus, beim Anstehen an der Supermarktkasse oder im Stau irgendein Thema gedanklich durchspielen. Sind diese sieben Punkte und ihre wenigen Unterelemente einmal in Fleisch und Blut übergegangen, hat man zweifelsohne einen Vorsprung gegenüber Kandidaten, die angesichts eines Präsentationsthemas keine vorgegebene und bewährte Struktur im Kopf haben.

Alle Inhalte sind jedoch nur so gut, wie die Art und Weise ihrer Vermittlung. Auch unter Anwendung der *Talk-Power-Formel* kommt die Botschaft nicht an, wenn man während der Präsentation nervös hin und her tigert oder zu leise und undeutlich spricht. Über das erfolgreiche Transportieren von Botschaften gibt es eine Unmenge an Büchern, auch an Kursangeboten mangelt es nicht. Daher werden in der Folge nur einige wenige grundlegende Verhaltensweisen angesprochen, auf die bei Präsentationsübungen geachtet werden sollte.

Was die *Körpersprache* betrifft, lohnt es sich, auf einen ruhigen, sicheren Stand zu achten. Bevor man das Wort an die Zuhörenden richtet, sollte man sich zuerst richtig «verwurzeln», also das Gewicht gleichmäßig auf beide Füße verteilen und den Boden darunter ganz bewusst spüren. Ein weiterer wichtiger Punkt ist der Blickkontakt mit dem Publikum. Das mag als Binsenweisheit erscheinen. Es ist aber keineswegs auszuschließen, dass ausgerechnet das Grundlegende, wenig Hinterfragte in der stressgeladenen Situation eines Auswahl-AC nicht abgerufen wird. Es gilt also, zu Beginn des Referats den Blick bewusst auf die Anwesenden zu richten. Während der Rede kann man auch ab und zu einzelne Zuhörer direkt ansprechen, natürlich ohne dass es für die Betreffenden unangenehm wird. Generell ist sicherzustellen, dass sich während der Präsentation die ganze Zuhörerschaft angesprochen fühlt. Bezüglich der *Gestik* ist es schwierig, allgemein erfolgversprechende Hinweise zu geben. Schließlich ist das eine Frage des Temperaments des Einzelnen. Erfahrungsgemäß kommt es bei den Assessoren nicht gut an, wenn die Körpersprache aufgesetzt wirkt und nicht mit dem Gesprochenen übereinstimmt. In der Anspannung neigen AC-Kandidaten eher dazu, zu stark mit den Händen zu sprechen. Ein ebenso sparsamer wie gezielter Einsatz der Hände wirkt in der Regel am überzeugendsten. Personen, die ein Notizblatt als Stütze brauchen, sollten dieses möglichst unauffällig halten und nur gelegentlich einen Blick darauf werfen.

Natürlich muss die *gesprochene Sprache* gut verständlich sein. Indem man wiederholt die hinteren Reihen der Zuhörerschaft adressiert, dürfte man die Lautstärke der Stimme automatisch an die Gegebenheiten anpassen. Ähnlich wie bei der Gestik tendieren AC-Teilnehmer unter Prüfungsstress zu einem zu schnellen Sprechtempo. Wenn man ein Notizblatt verwendet, kann es hilfreich sein, darauf den Hinweis «langsamer sprechen» anzubringen. So wird man nebst den Inhalten, die man dem Publikum näher bringen will, auch daran erinnert, das Sprechtempo so zuhörergerecht wie möglich zu halten. Dazu gehören außerdem geschickt gewählte Sprechpausen. Schließlich ist die *Modulation der Stimme* ebenfalls ein wesentlicher Faktor, ob man eine Botschaft an den Mann oder die Frau zu bringen vermag. Eine monotone Stimmlage wirkt erfahrungsgemäß einschläfernd, und als Zuhörer beginnt man daran zu zweifeln, ob der Vortragende wirklich ein Interesse daran hat, die Anwesenden für das betreffende Thema zu begeistern. Daher ist es wichtig, mit der Lautstärke und der Stimmlage zu spielen. Selbstverständlich darf das Ganze nicht gekünstelt wirken, sondern muss der konkreten Situation und den zu vermittelnden Inhalten entsprechen. Auch hier können die Notizen mit entsprechenden Zeichen ergänzt werden, die einen daran erinnern, an der richtigen Stelle eine Pause zu machen, die Stimme anzuheben oder – um eine Aussage zu betonen – langsamer und leiser zu sprechen.

Die Praxis zeigt, dass sich AC-Teilnehmer, die in ihrer Vorgeschichte regelmäßig Präsentationen halten mussten, in dieser Aufgabenstellung besser zurechtfinden. Demzufolge hinterlassen sie in der Regel bei den Beobachtern einen positiveren Eindruck als Kandidaten, die dies in ihrer bisherigen Tätigkeit nicht so oft tun mussten. Es lohnt sich also, in der Zeit vor einem AC jede Gelegenheit zur öffentlichen Meinungsäußerung wahrzunehmen, sei dies an einer Vereinssitzung, an der Gemeindeversammlung oder an einem Familienfest. Wenn sich keine Möglichkeiten ergeben, dann sind sie zu schaffen. Insbesondere gute Bekannte haben ein sicheres Gefühl dafür, ob die Art und Weise der Informationsvermittlung natürlich wirkt oder ob man Dinge tut, die nicht der eigenen Person entsprechen. Oben genannte Aspekte können zu einer Checkliste zusammengefasst und den Betreffenden als Bewertungshilfe ausgehändigt werden. Gute Freunde geben sicher gern ein unverblümtes Feedback, das einem hilft, seine Präsentationstechnik gezielt zu verbessern.

**Der Postkorb**
Eine weitere typische AC-Übung, auf die man sich zumindest stückweise vorbereiten kann, ist der Postkorb. Wie in Kapitel 2 beschrieben, geht es in dieser Aufgabe darum, unter Zeitdruck eine Vielzahl von Informationen zu verarbeiten. Heutzutage ist damit zu rechnen, dass man mit einem elektronischen Postkorb konfrontiert wird, das heißt, man bearbeitet das Ganze am PC.

Folglich dürfte auch die Auswertung automatisiert erfolgen und der Fokus bei der Beurteilung darauf ausgerichtet sein, dass man alles Wesentliche erfasst und in eine sinnvolle Reihenfolge gebracht sowie effiziente Maßnahmen beschlossen hat. Bei einem Papier-und-Bleistift-Postkorb kann es vorkommen, dass man seine Planung mit einem Assessor bespricht und somit die Gelegenheit erhält, das Ergebnis und die ihm zu Grunde liegenden Entscheidungen zu begründen.

Für die Teilnehmerin ist es in erster Linie hilfreich zu wissen, dass sie normalerweise zu viele Informationen in zu kurzer Zeit verwerten muss. Es erweist sich also als günstig, sich durch diesen Umstand nicht aus der Ruhe bringen zu lassen. Hat man zudem bereits eine Idee, auf welche Weise man vorgehen will, gewinnt man Zeit und kann sich unverzüglich der Aufgabe widmen. Konkret bedeutet dies, dass man sich am besten einen Überblick über die Briefe, E-Mails, Telefonnotizen etc. verschafft und die Post zunächst nach privat und beruflich sortiert. Bedeutend für die Leistungsbeurteilung ist, dass sämtliche Informationen zumindest beachtet werden. Wenn man alle Vorgänge nummeriert, erleichtert das sich selbst und den Beobachtern das Nachvollziehen der Vorgehensweise. Danach gilt es die Spreu vom Weizen zu trennen. Die höchste Priorität erhalten Aufgaben, die als wichtig und dringend eingestuft werden. Diese sind persönlich und sofort zu erledigen. Zweite Priorität besitzen jene Angelegenheiten, die einen gewissen Entscheidungsspielraum lassen, ob man sie verschieben oder delegieren kann. Den letzten Stapel bilden jene Aufgaben, die auf jeden Fall aufgeschoben oder jemand anderem übergeben werden können. Je nachdem sind weitere Kategorien denkbar. Angesichts der begrenzten Zeit und der Menge an Informationen ist allerdings zu empfehlen, sich auf diese relativ grobe Kategorisierung zu beschränken. Viel wichtiger dürfte es sein, Notizen anzufertigen, damit man seine Entscheidungen in einem eventuell anschließenden Gespräch begründen kann.

Für den AC-Kandidaten stellt sich bei solchen Aufgaben üblicherweise die Frage, wo allfällige Fallstricke lauern könnten. Nun, meist wird erwartet, dass man berufliche Aspekte höher gewichtet als Privatangelegenheiten. Davon auszunehmen sind selbstverständlich schwerwiegende Ereignisse wie eine gravierende Erkrankung des Lebenspartners oder der Unfall eines Kindes. Es versteht sich von selbst, dass es mehrere Terminüberschneidungen geben wird. Diese sollte man auf jeden Fall identifizieren und sichtbar machen. Auf Grund der oben genannten Prioritäten muss man dann entscheiden, welche Aufgabe man direkt erledigt und welche erst später. Dient das betreffende AC zur Auswahl von Führungskräften, ist gut zu wissen, dass man Personalthemen wie Beurteilungsgespräche, Ehrungen oder Vorstellungsgespräche nicht delegieren sollte. Viele Postkorbübungen sind derart konzipiert, dass im Lauf der Zeit weitere Meldungen eintreffen. Ist man sich dieser Tatsache gewahr, gerät man dadurch nicht gleich aus dem Konzept. Auf die Assessoren macht einen guten Eindruck, wer die gesamte Aufgabenstellung in einem zügigen, gleichmäßigen Arbeitstempo und zugleich ruhig und konzentriert bearbeitet.

Das Wissen darum, was einen in einer Postkorbübung erwartet, ist eine gute Voraussetzung, um sich mental darauf einzustellen und die genannten Hinweise in der konkreten Situation zu beherzigen. Es kann aber sein, dass man bereits in der aktuellen beruflichen Tätigkeit täglich eine Vielzahl verschiedener Meldungen und Informationen zu bewältigen hat. Also ist es naheliegend, dass man sich von Zeit zu Zeit vornimmt, eine bestimmte Phase der Arbeitszeit wie einen Postkorb zu durchlaufen. Dabei kann das Nummerieren und Kategorisieren der Nachrichten und Notizen an realen Beispielen geübt werden. Schließlich sieht man dann an den vorliegenden konkreten Arbeitsergebnissen, wie erfolgreich die Vorgehensweise gewesen ist und kann allenfalls weitere Verbesserungen vornehmen.

**Das Konfliktgespräch**
Die letzte verhaltensorientierte Aufgabe, die hier näher vorgestellt wird, ist das Konfliktgespräch. Je nach AC dürfte diese Übung eine andere Bezeichnung haben. Das Setting ist aber meist so, dass man mit einem Mitarbeiter ein schwieriges und unangenehmes Gespräch führen muss. Als Kandidat erhält man Informationen zur Problemstellung und zum Gesprächspartner. Bei dieser Aufgabe geht es in der Regel darum, das Gegenüber mit einer ungünstigen Nachricht zu konfrontieren und es zu überzeugen, sich beispielsweise weiterhin engagiert für die Unternehmensziele einzusetzen. Der Gesprächspartner wird von einem Rollenspieler oder Moderator gespielt, der es auf Grund seiner Rollenvorgabe darauf anlegt, den AC-Kandidaten herauszufordern und dementsprechend während der gesamten Gesprächsdauer eine ganze Batterie von Gegenargumenten vorbringen wird.

Zu Recht kann man nun einwenden, dass Thematik, Kontext und Gesprächspartner immer wieder anders gestaltet sein dürften. Das sollte man im Hinterkopf haben, um nicht allzu überrascht zu sein, wenn sich das Problem nicht wie erwartet präsentiert. Nichtsdestotrotz gibt es einige Grundsätze, die in einem schwierigen Gespräch als Richtschnur dienen können und in den meisten Fällen zum Erfolg führen.

Zunächst einmal ist die *Einstellung*, mit der man ins Gespräch einsteigt, sehr wichtig. Auch wenn die Ausgangslage nicht einfach ist und der andere mit seinen Erwartungen zumindest ansatzweise als «Gegner» erscheinen dürfte, ist es wichtig, eine positive Grundhaltung zu bewahren und den schwierigen Mitarbeiter als Partner zu betrachten, mit dem gemeinsam man den Konflikt lösen will.

Meistens erhält man vor dem Gespräch ein paar Minuten Vorbereitungszeit. Nebst der eben erwähnten mentalen Vorbereitung sollte diese Zeitspanne zur *inhaltlichen Klärung* genutzt werden. So muss man den eigentlichen Streitgegenstand aufschlüsseln. Nicht selten wird ein sachlicher Grund vorgeschoben, obwohl es letztlich um ein Gespräch auf der Beziehungsebene geht. Die Mitarbeiterin möchte beispielsweise einen bestimmten Auftrag nicht ausführen und sagt, sie fühle sich der Aufgabe nicht gewachsen. Dahinter könnte aber stecken, dass sie in ihrer Arbeit zu wenig Wertschätzung erfährt oder sich vom Vorgesetzten ungerecht behandelt fühlt und den Eindruck hat, immer die «Drecksarbeit» ausführen zu müssen. Kurz: Wenn es darum geht, dem Streitgegenstand auf die Spur zu kommen, müssen sowohl *Sach-* als auch *Beziehungsebene* in Betracht gezogen werden. Das Ergebnis dieser Analyse dient dazu, mögliche Ziele und Absichten und deren Hintergründe zu erhellen. Um beim oben genannten Beispiel zu bleiben, kann das heißen, dass die betreffende Mitarbeiterin die ungeliebte Tätigkeit auszuführen bereit wäre, wenn sie dabei das gewünschte Maß an Anerkennung erhalten würde. Ein einfaches Ausspielen der Position und Befehlsgewalt als Führungskraft wäre da wenig zielführend, viel eher würde man damit eine Eskalation des Problems herbeiführen. Hingegen könnte man argumentieren, welche Qualitäten man an ihr besonders schätzt, und ihr darlegen, weshalb sie genau die richtige Person für diese Aufgabe ist.

Schließlich muss man sich vor dem Gespräch auch Klarheit darüber verschaffen, welches die Rahmenbedingungen sind und welche Möglichkeiten man überhaupt hat. Bei den Assessoren kommt es nämlich nicht gut an, wenn während des Gesprächs unrealistische Versprechungen gemacht oder Dinge in Aussicht gestellt werden, über die man in der betreffenden Position gar nicht entscheiden kann. Im Zusammenhang mit den Rahmenbedingungen sollte man sich auch Gedanken darüber machen, welche Personen von bestimmten Lösungsansätzen betroffen und welche mittel- und langfristigen Folgen damit verbunden sein könnten.

Mit Blick auf den Gesprächsablauf selbst ist es offenkundig, dass mit einem geschickten *Einstieg* eine günstige Ausgangslage für die weitere Gesprächsentwicklung geschaffen werden kann. Zudem ist die Gesprächseröffnung jener Bestandteil der Übung, der sich noch recht präzise im Voraus zu Faden schlagen lässt. Sowohl Gesprächspartner als auch Beobachter schätzen es nicht, wenn man zu Beginn um den heißen Brei herumredet. Vielmehr soll der Grund des Gesprächs so bald als möglich zur Sprache gebracht werden. Gleichzeitig werden die eigene Position sowie die Bedeutung und die Ziele des Gesprächs dargelegt. Indem man den Sachverhalt und die eigene Person transparent macht, erzeugt man beim anderen Vertrauen. Es lohnt sich, dem Aufbau von Vertrauen großes Gewicht beizumessen und nicht vorschnell zum nächsten Punkt weiterzugehen. Man kann beim Gesprächspartner nur etwas erreichen, wenn dieser sich ernst genommen fühlt.

Nachdem die Dinge aus Sicht des Vorgesetzten, das heißt des AC-Kandidaten, offengelegt wurden, erhält das Gegenüber die Gelegenheit, sich zur Angelegenheit zu äußern. Besonders in dieser Phase ist *aufmerksames Zuhören* und *präzises Nachfragen* angesagt. Der subjektive Standpunkt des Gesprächspartners soll so gut als möglich erfasst werden, ohne dass bereits Wertungen oder Lösungsvorschläge vorgebracht werden.

Wie das Gespräch dann weitergeht, unterliegt in gewisser Hinsicht der Dynamik der Situation und der beteiligten Personen. Es ist jedoch wichtig, dass man als Gesprächsführender einige Prinzipien im Hinterkopf hat. Diese stellen sicher, dass man den Faden nicht verliert und eine lösungsorientierte Einstellung beibehält. Konkret heißt das, Unterschiede zu respektieren nicht in erster Linie eliminieren zu wollen. Die Wertschätzung des anderen muss stets gewahrt bleiben, was vor allem dadurch spürbar wird, dass man *gemeinsam nach Lösungen* sucht. In dieser Phase ist es eine wesentliche Aufgabe des die Führungskraft verkörpernden AC-Teilnehmers, die Lösungsideen genau zu formulieren, zusammenzufassen und zu «spiegeln». Erkennbar wird dies in Aussagen wie «Ihnen ist offenbar besonders wichtig, dass ...» oder «Wir stimmen also darin überein, dass ...». Hier ist es gut zu wissen, dass der schwierige Gesprächspartner kraft seiner Rolle trotz aller guten Absichten nicht unbedingt in Euphorie ausbrechen, sondern bestimmte Aspekte weiter hinterfragen oder kritisieren wird. Folglich ist Geduld gefragt. Unter Beachtung des Grundsatzes «Wer fragt, der führt» muss man den zentralen Aspekt allenfalls nochmals vertiefter erschließen, bis eine gemeinsame Basis hergestellt ist. Hat man zusammen einige Lösungsansätze skizziert, werden sie anschließend auf ihre Tragfähigkeit geprüft. Dann zeigt sich, ob daraus Abmachungen oder Regeln abgeleitet werden können, mit denen sich beide Gesprächspartner identifizieren. Hier besteht die Möglichkeit den anderen zu fragen, für wie wahrscheinlich er es auf einer Skala von 1 (unwahrscheinlich) bis 10 (sehr wahrscheinlich) einschätzt, dass er aktiv an der Umsetzung des Besprochenen arbeiten wird. Wenn er einen Wert kleiner als acht angibt, müssen die Ziele nochmals diskutiert und angepasst werden. Zum Abschluss soll unmissverständlich festgehalten werden können, wer nun welche Aufgabe(n) übernimmt und wie man nach welcher Zeitspanne Bilanz ziehen will.

Die genannten Tipps dienen als grobe Orientierung. Wer sie beachtet, wird kaum wesentliche Fehler begehen. Zwei Fallstricke sollen an dieser Stelle trotzdem hervorgehoben werden. In der Prüfungsanspannung kann es durchaus vorkommen, dass man die Geduld verliert und dazu neigt, das Gegenüber als «Feind» wahrzunehmen. Zudem läuft man unter dem Stress der schwierigen Aufgabenstellung und des allfälligen Zeitdrucks Gefahr, in typische, allenfalls hinderliche Verhaltensmuster zu verfallen. Bei Führungskräften zeigt sich dies oft darin, dass sie nur noch sprechen und nicht mehr zuhören. Das alles kann zur Folge haben, dass man den anderen überfährt, ihn mit Argumenten eindeckt und sich im Zweifelsfall auf die Weisungsgewalt als Führungskraft beruft. Diesen Tendenzen gilt es bewusst entgegenzusteuern, will man von den AC-Beobachtern nicht als hilflos, stur und unkooperativ wahrgenommen werden. Generell besteht die Kunst darin, das Gespräch durch zielführende Fragen zu steuern und das Gegenüber stets miteinzubeziehen. Denn wer sich an einem Lösungsprozess angemessen beteiligt fühlt, ist später deutlich häufiger bereit, entwickelte Lösungen mitzutragen.

**Leistungstests**
Vor allem bei AC, in denen Kader für untere Hierarchiestufen ausgewählt werden, kommen mitunter standardisierte Leistungstests zum Einsatz. Führungskräfte müssen einen Sachverhalt rasch erkennen, strukturieren und die wesentlichen Informationen herausfiltern können. Es ist also wenig erstaunlich, dass die Messung der Informationsverarbeitung sowie analytischer Fähigkeiten den Erfolg in der Führungsposition recht gut vorhersagen und sich derartige Tests als AC-Elemente weiter etablieren. Man könnte sie auch Intelligenztests nennen, was jedoch aus verschiedenen Gründen vermieden wird. Meist bestehen sie aus Aufgaben zum *Textverständnis,* zur *Dateninterpretation* und aus einem *figuralen Teil.*

Die Auswahl an Aufgabentypen und -inhalten ist also nicht unendlich. Es macht somit durchaus Sinn, sich im Voraus damit vertraut zu machen. Beispielsweise wird das kritische Denken im Bereich der Sprache geprüft, indem man kurze Texte lesen und dazu dann bestimmte Fragen – meistens im Multiple-Choice-Verfahren – beantworten muss. Zwecks Testung der analytischen Fähigkeiten werden Kandidaten mit diversen Tabellen, Grafiken und Listen sowie Fragen und Antwortmöglichkeiten konfrontiert. Zuweilen werden Tests eingesetzt, bei denen es darum geht, in Figurenreihen Regelmäßigkeiten zu erkennen und aus mehreren Figuren jene auszuwählen, mit der die betreffende Reihe logisch fortgesetzt wird. Typische Aufgaben und Fragemuster sind in Kapitel 3 bereits erläutert worden. Nun wird in diesem Abschnitt dargelegt, welche Vorbereitungsmöglichkeiten sich bieten. So sei darauf verwiesen, dass Ratgeberliteratur zur Testvorbereitung einfach und zuhauf zu finden ist. Auch im Internet gibt es zahlreiche Quellen mit detaillierten Angaben dazu. Die Erfahrung zeigt allerdings, dass man als AC-Kandidat in spe zwar ein solches Buch kauft und damit mal sicher sein Gewissen beruhigt. Mit dem gezielten Üben verhält es sich dann aber oft wie mit anderen guten Vorsätzen: Eingebunden ins Alltagsgeschäft hat man immer tausend gute Gründe, erst morgen mit der Umsetzung zu beginnen. Daher ist es wohl vielversprechender, die Vorbereitung auf derartige Aufgaben in den Alltag zu integrieren. Übungen zum Textverständnis lassen sich zum Beispiel mit der üblichen Zeitungslektüre verbinden. Statt nach dem Lesen eines Beitrags sogleich zum nächsten überzugehen, überlegt man sich zuerst, welches nun die zentralen Aussagen des Artikels sind und stellt sich vor, welche Fragen dazu gestellt werden könnten. Ähnlich verhält es sich mit der Dateninterpretation. In Zeitungen und Zeitschriften finden sich stets Abbildungen, Grafiken und Tabellen, die man analysieren und allenfalls in der Familie und unter Kollegen diskutieren kann. Letztlich mangelt es besonders in der Sonntagspresse auch nicht an diversen Denksportaufgaben. Idealerweise macht man sich das Lösen solcher Aufgaben zur Gewohnheit. Man stellt sich damit über Wochen hinweg regelmäßig zusätzlichen geistigen Herausforderungen. Einerseits eignet man sich damit ein Repertoire an verschiedenen Fragestellungen und Lösungsstrategien an, andererseits trainiert man die mentale Flexibilität und dürfte außerdem gelassener reagieren, wenn in der Testsituation eine überraschende Frage auftaucht.

Obwohl Zeitdruck meist kein zentrales oder zumindest kein durchgängiges Element von AC ist, soll an dieser Stelle darauf eingegangen werden. Schließlich dürfte dieser Aspekt am ehesten in der Postkorbübung oder eben in den Leistungstests spürbar werden. Zu wissen, dass eventuell einzelne Aufgaben in der vorgegebenen Zeit gar nicht abgeschlossen werden können, hat in der Regel eine beruhigende Wirkung. Egal, ob in der betreffenden Übung tatsächlich Zeitdruck besteht oder nicht. Gedanken wie «Wenn ich hier nicht fertig werde, ist alles verloren» sind so oder so ungünstig, führen zu Panik und unüberlegten Handlungen. Mit Ausnahme der Tests sind AC-Übungen meist so ausgerichtet, dass weniger das Ergebnis als vielmehr das gezeigte Verhalten für die Bewertung relevant ist. Also lohnt es sich, als Kandidat stets im «Hier und Jetzt» zu bleiben und den Fokus auf das gegenwärtige Handeln zu richten.

Lässt man das Kapitel bis hierhin Revue passieren, wird deutlich, dass sich die vorgestellten AC-Übungen hinsichtlich ihrer Berechenbarkeit unterscheiden. Die Präsentation ist recht gut vorzubereiten und die Umsetzung der eigenen Vorhaben hat man fast hundertprozentig unter Kontrolle. Der Postkorb enthält besonders hinsichtlich des Inhalts ein paar Unbekannte mehr. Da man die Aufgabe alleine löst, können aber doch einige wesentliche Erfolgsfaktoren in Eigenregie angewendet werden. Beim Gespräch kommt mit der Person des Gesprächspartners eine weitere Unbekannte hinzu. Man kann also nicht nur den Inhalt, sondern auch das Verhalten des anderen nicht konkret in die Vorbereitung mit einbeziehen. Und schließlich ist es in Bezug auf die Leistungstests kaum angezeigt, alle möglichen Testvarianten im Voraus durchexerzieren zu wollen; vielmehr geht es darum, sich die wahrscheinlichsten Inhalts- und Fragekategorien zu vergegenwärtigen und vor diesem Hintergrund ein gezieltes «Brainjogging» zu betreiben.

Weitere AC-Übungen enthalten meist Elemente der oben beschriebenen Art. So verlangt die Fallstudie, bei der ein fiktives Unternehmensszenario analysiert und gelöst werden muss, eine ähnliche Vorgehensweise wie der Postkorb. Hinzu kommen Elemente der Präsentation, falls hier entsprechende Lösungsvarianten vorgestellt werden müssen. Manchmal ist die Fallstudie auch mit einem Planungsauftrag verbunden, gemäß dem dann beispielsweise die Ideen und Vorstellungen der einzelnen AC-Teilnehmer in der Gruppe diskutiert und zu einem gemeinsamen Ergebnis verdichtet werden müssen. Auch da spielen die Informationsverarbeitung und Problemanalyse zumindest in der ersten Phase der Übung eine wichtige Rolle.

**Die Gruppendiskussion**
Die Gruppendiskussion ist eine weitere typische Aufgabe, auf die man als AC-Teilnehmer mit großer Wahrscheinlichkeit treffen wird. Meistens handelt es sich dabei um eine sogenannte Diskussion mit Zielkonflikt. Das heißt, die einzelnen Kandidaten müssen sich im Voraus zu einem bestimmten Sachverhalt bereits eine Meinung bilden oder zum Beispiel eine Vorstellung davon haben, wie eine unternehmensspezifische Aufgabe anzupacken ist. Danach geht es darum, die Angelegenheit in der Gruppe zu erörtern und schließlich eine Gruppenmeinung zu entwickeln. Die Beobachter achten darauf, inwiefern der Einzelne auf konstruktive Art und Weise seine Meinung hat einbringen können. Die anderen zu überfahren ist dabei so wenig zielführend, wie wenn man sich stets den Ansichten der anderen fügen würde. Es geht also um die Balance zwischen Durchsetzungsvermögen und kooperativem Verhalten.

Vor diesem Hintergrund wird klar, dass es weder möglich noch sinnvoll ist, sich für solche Aufgaben eine fixe Strategie zurechtlegen zu wollen. Hingegen dürfte es entscheidend sein, die richtige Einstellung zu finden. Als Erstes muss man sich stets bewusst sein, dass die Beobachter einen *aktiven Gesprächsteilnehmer* erwarten. In einem professionell durchgeführten AC sollte zwar nicht die Anzahl Wortmeldungen, sondern die Qualität der Äußerungen für die Einschätzung der Leistung ausschlaggebend sein. Allzu offensichtliche Passivität macht es den Assessoren aber generell schwer, das Verhalten zu beurteilen. Daher sollte man bestrebt sein, sich regelmäßig zu Wort zu melden. Die Argumentation sollte den Faden der Vorredner aufnehmen und einen erkennbaren Beitrag zur Zielerreichung liefern. Das Zuhören ist folglich darauf zu richten, welche Überlegungen die anderen Kandidaten einbringen und inwiefern die eigenen Voten berücksichtigt werden. Wenn das Gespräch lebhaft oder sogar emotional wird, so ist das durchaus im Sinne der Assessoren. Persönliche Attacken schießen hingegen in den allermeisten AC deutlich über das Ziel hinaus und werten die eigene Leistung ab. Um von den Assessoren wahrgenommen zu werden, sollte man sich also auf eine engagierte Diskussion einlassen. Gleichzeitig muss man sich davor hüten, sich vom Geschehen allzu sehr vereinnahmen zu lassen. Indem man die anderen ab und zu auf die noch verbleibende Zeit hinweist oder das zu erreichende Ziel in Erinnerung ruft, beweist man, die Übersicht zu haben.

Insgesamt kann man sagen, dass es sich lohnt, eine grobe Strategie für die Diskussion zurechtzulegen. Das hilft, das Ziel im Auge zu behalten und gegebenenfalls den Faden wieder zu finden. Idealerweise umfasst sie eine allgemeine Richtung sowie bestimmte Handlungsoptionen. Einen detaillierten Plan für die Diskussion vorzubereiten ist dagegen nicht zu empfehlen. Die Wahrscheinlichkeit ist nämlich groß, dass zu fixe Vorstellungen bereits nach den ersten Äußerungen der anderen Teilnehmer über den Haufen geworfen werden. Das kann zur Folge haben, dass man sich überstürzt alternative Konzepte überlegt, dadurch von der laufenden Diskussion abgelenkt wird und den Anschluss verpasst. Dies wiederum verunsichert womöglich noch mehr. Mit der Angst im Nacken, dass die Felle davonschwimmen, tendiert man zu unangemessenen Verhaltensweisen. Man zieht sich zurück oder fällt den anderen ins Wort. Mancher AC-Teilnehmer greift in derartigen Situationen Themen auf, die nicht in den diskutierten Kontext passen. Erfolg versprechend ist hingegen, den Fokus auf die persönliche Haltung zu richten, mit der man sich dieser Herausforderung stellt. *Aufmerksamkeit* ist der wesentlichste Bestandteil davon. Es gilt die gebündelte Konzentration und Motivation auf das Gespräch zu richten und einen konstruktiven Beitrag zum Gruppenergebnis zu leisten. Die anderen Gesprächsteilnehmerinnen und -teilnehmer sind dabei stets als Partner zu betrachten, auch wenn sie gegenteilige Ideen und Absichten einbringen. Natürlich darf man auch mitteilen, dass man mit einem Argument nicht einverstanden ist. Gerade in der Führungskräfteauswahl möchte man in der Regel keine harmoniebedürftigen Ja-Sager sehen. Man muss jedoch stets offen dafür bleiben, das Positive in den Äußerungen der anderen zu erkennen und für die Zielerreichung nutzbar machen. Diese Verhaltensgrundsätze sind im Allgemeinen auch für weitere Varianten der Diskussionsübung anwendbar, wie zum Beispiel das Streitgespräch, in dessen Verlauf ein bestimmtes Thema kontrovers zu diskutieren ist.

Analog zu den anderen AC-Aufgaben ist es empfehlenswert, die Vorbereitung so gut wie möglich in den Alltag zu integrieren. In der Familie, im Verein oder am Arbeitsplatz gibt es mehr Diskussionsanlässe, als einem bewusst ist. Zusätzlich zu den üblichen inhaltlichen Zielen kann man sich nun noch bestimmte Verhaltensweisen vornehmen, die man verwirklichen möchte. Diese sollten – wie folgende Beispiel zeigen – so konkret wie möglich und so flexibel wie nötig formuliert werden:

- «Wenn ich in die Situation einer Gruppendiskussion gerate, eröffne ich das Gespräch, indem ich zunächst die Ideen und Meinungen der anderen Teilnehmer erfrage und anschließend zusammenfasse.»
- «Wenn jemand ein Argument vorbringt, das ich ebenfalls nennen wollte, konzentriere ich mich weiterhin auf seine Ausführungen und greife das Argument hinterher auf, indem ich meine Zustimmung verdeutliche und begründe.»
- «Wenn ich in einer Gruppendiskussion persönlich angegriffen werde, bleibe ich ruhig und sachlich. Ich sage meinem Gegenüber, wie seine Aussagen auf mich gewirkt haben, und fordere deutlich einen anderen Umgangston ein.»

In einer ruhigen Minute – beispielsweise nach der Vereinssitzung – legt man sich dann Rechenschaft darüber ab, inwiefern man dem eigenen Plan hat folgen können und wie erfolgreich das Ganze war. Überdies besteht die Möglichkeit, einen guten Kollegen zu bitten, anhand einiger klar umrissener Aspekte eine Rückmeldung zu geben. Auf diese Weise wird einem das eigene Verhalten in verschiedenen Diskussionssituationen bewusst, man spürt, unter welchen Umständen man dazu neigt, allzu emotional zu werden und vielleicht sogar in eine Falle zu tappen. Das alles trägt dazu bei, eine gute Basis für ein überzeugendes und zielgerichtetes Auftreten in einer AC-Gruppendiskussion zu legen. Gewissermaßen als Fangnetz kann man immer noch auf einem Zettel einige wichtige Stichwörter oder Merksätze wie «aufmerksam sein», «aktiv bleiben», «Die anderen sind Partner.», «Ich behalte die Zeit im Auge» etc. festhalten. Hat man diese in der Diskussion sichtbar vor sich, wird der persönliche Fokus stets auf das Wesentliche ausgerichtet sein. Man behält damit einen Orientierungspunkt vor Augen, falls man sich einmal allzu sehr im Diskussionsgeschehen verloren haben sollte.

**Die mentale Vorbereitung**
Die in den vorherigen Abschnitten erörterten Hinweise für erfolgversprechende Haltungen und Einstellungen vermitteln eine erste Idee hinsichtlich der mentalen Vorbereitung auf ein AC im Allgemeinen. Hier liegt es nahe, die gedankliche Verbindung mit jeglicher Art von Wettkampf herzustellen. Im AC ist man gefordert, in einem bestimmten Rahmen in einer vorgegebenen Zeitspanne eine maximale Leistung zu zeigen. Dabei steht man in Konkurrenz zu anderen Teilnehmerinnen und Teilnehmern. Ähnlichen Herausforderungen begegnet man, wenn man seiner Firma einen Auftrag sichern will und sich dabei gegen andere Bewerber durchsetzen muss. Oder wenn man sich einer Kampfwahl ums Vereinspräsidium stellen will. Sogar dann, wenn man die Aufmerksamkeit einer bestimmten Person auf sich lenken oder sogar deren Herz für sich gewinnen will, kann es bekanntlich zu Konkurrenzsituationen kommen. Die offenkundigste Parallele dürfte jedoch zu einem sportlichen Wettkampf bestehen. Unabhängig von der jeweiligen Sportart weist dieser sowohl vorhersehbare als auch weniger berechenbare Elemente auf. Folglich ist die Athletin bestrebt, zunächst

erst einmal all das zu kontrollieren, was in ihrer Macht steht. Sie trainiert bestimmte Bewegungsabläufe, übt Strategien ein und studiert mitunter eingehend die Fähigkeiten der Konkurrenz und das Wettkampfgelände. Das schafft die Voraussetzung dafür, die Herausforderung mit Selbstvertrauen und größtmöglicher Sicherheit anzugehen. Zum anderen gilt es, sich darauf einzustellen, dass der Wettkampfverlauf, das Wetter oder das Verhalten der Konkurrentinnen, der Schiedsrichter und der Zuschauer einer eigenen, unkalkulierbaren Dynamik unterliegen. Diesen Bedingungen sollte man mit der richtigen Mischung aus Spannung und Gelassenheit entgegensehen. Spannung, um den Verlauf des Geschehens aufmerksam wahrzunehmen und kurzfristig darauf reagieren zu können sowie um darin eine aktive, offensive und prägende Rolle zu spielen; Gelassenheit, um sich von unerwarteten Ereignissen nicht aus der Fassung bringen zu lassen, Emotionen zu kontrollieren und das Ziel nicht aus den Augen zu verlieren.

Auf höchstem Niveau geht man heutzutage davon aus, dass die ernsthaften Konkurrenten die physischen, technischen und taktischen Wägbarkeiten gleich gut im Griff respektive unter Kontrolle haben. Zudem wird erwartet, dass im entscheidenden Moment die mentale Stärke den Ausschlag über Sieg oder Niederlage gibt. Es erstaunt deshalb nicht, dass dieser Sachverhalt zunehmend diskutiert wird und diese Auseinandersetzung zu einer ganzen Reihe von Lehrbüchern und Ratgebern geführt hat. Dass oft auch Verbindungen vom Sport zu den Herausforderungen eines Managers im Berufsalltag hergestellt werden, ist genauso wenig überraschend. Nachfolgend werden nun einige wesentliche Elemente der mentalen Stärke und des mentalen Trainings erörtert. Diese Erkenntnisse wollen wir dann in einen

Zusammenhang mit der Vorbereitung auf und das Verhalten während eines AC stellen.

Was den Wettkampf von der Alltagssituation unterscheidet, ist die Nicht-Wiederholbarkeit. Man muss die geforderte Leistung in der vorgegebenen Zeitspanne, unter den bestehenden Bedingungen erbringen – und dann wird anhand festgelegter Kriterien entschieden, wie man im Vergleich mit den Konkurrenten abgeschnitten hat. Daraus leitet sich auch die Definition von mentaler Stärke ab: im entscheidenden Moment unter den bestehenden Bedingungen die bestmögliche Leistung erbringen. Im Vergleich zum normalen Alltag ist im entscheidenden Spiel oder Rennen beziehungsweise im AC insbesondere der Erwartungsdruck ein charakteristischer Faktor – und nicht selten ausschlaggebend dafür, dass einem die eigenen Gedanken einen Streich spielen.

**Gedankenkontrolle ist möglich**

Das Team steht am Tabellenende und daher mit dem Rücken zur Wand. Der Trainer ist ungehalten: «Im nächsten Spiel müssen drei Punkte her, sonst können wir die nächste Saison in der unteren Liga planen.» Der Primarschüler nimmt das Aufgabenblatt einer Rechenprüfung entgegen und denkt: «Ich darf keine Fehler machen, sonst kann ich den Übertritt ins Gymnasium vergessen.» Der AC-Kandidat checkt an der Rezeption des Seminarhotels ein und redet sich ein: «Von den nächsten zwei Tagen hängt meine ganze Karriere ab, das ist meine letzte Chance, den Sprung zum Kadermitglied zu schaffen.» Solche Gedanken dürften wohl jedem Menschen bekannt sein. Dabei hat man sicher auch erfahren, dass ein gewisser Druck durchaus hilfreich sein kann, wenn es darum geht, sich auf ein Ziel zu fokussieren und dafür eine besondere Anstrengung zu unternehmen. Setzt man sich aber zu intensiv mit den Folgen des Handelns auseinander und stellt sich vor, was alles passiert, wenn man es eben nicht schafft, ist die mentale Blockade meist nicht mehr weit. Erwartungsdruck ist eine der Hauptursachen für Leistungsversagen. Oft erweisen sich die eigenen Erwartungen als schlimmster Feind. Wenn man vor der Präsentationsübung sorgenvolle Gedanken – wie «Was passiert, wenn ich den Faden verliere?» – hegt, dann steckt man bereits mitten im Sumpf der Versagensängste. Verstärkt wird dies im genannten Beispiel durch das Phänomen der *Sich-selbst-erfüllenden-Prophezeiung*. Was man erwartet, wird mit größerer Wahrscheinlichkeit eintreffen als etwas, das man nicht erwartet. Das bewirkt, dass man im Falle negativer Erwartungen die Aufgaben nicht mehr gelöst und optimistisch anpackt, sondern sich verkrampft. So verkauft man sich letzlich weit unter seinen Möglichkeiten. Es ist unbedeutend, ob der Erwartungsdruck von außen oder innen kommt. Wichtig ist, sich bewusstzumachen, dass er die Leistungen stark beeinflussen wird. Je früher dies geschieht, desto eher kann man solchen ungünstigen Entwicklungen vorbeugen bzw. ein Ende setzen.

Ob man negativen Stress erlebt, hängt weitgehend davon ab, wie man eine schwierige Situation interpretiert. Die gleiche Ausgangslage kann als Bedrohung oder als Herausforderung angesehen werden. Die Eiskunstläuferin denkt vielleicht angesichts der zehntausend Zuschauer im Stadion, dass alle nur auf einen Sturz von ihr warten. Genauso gut kann sie sich darüber freuen, dass sich derart viele Leute für die Früchte ihrer harten Trainingsarbeit interessieren. Analog dazu steht es dem AC-Teilnehmer frei, die Übungsanlage eines AC als eine Aneinanderreihung von Fallen wahrzunehmen, mit deren Hilfe ihm aufgezeigt wird, dass er sich seine Karriereträume endgültig abschminken sollte. Er kann das Ganze jedoch auch als Möglichkeit auffassen, seinen Vorgesetzten zu beweisen, dass sie mit ihm aufs richtige Pferd setzen. In ein und derselben Situation wird man demzufolge unterschiedlich handeln, je nachdem, mit welchen Erwartungen man die Sache anpackt. Der erste Schritt in Richtung mentale Stärke ist das Erkennen der betreffenden Mechanismen. Sie werden dadurch greif- und veränderbar. Mental starke Personen können mit Druck lösungsorientiert umgehen. Sie sind sich der Auswirkungen von Gedanken, die Druck erzeugen, und solchen, die Druck verringern, bewusst und können dieses Wissen für sich positiv nutzen.

Konkret heißt das nun, seine Gedankenwelt im Vorfeld herausfordernder Aufgaben genauer zu untersuchen und ein Gefühl dafür zu entwickeln, ob sie Druck erzeugen oder abbauen. Typische Druck erzeugende Gedanken beinhalten oft Wenn-dann-Formulierungen und beschäftigen sich zu sehr mit der Zukunft. Man setzt sich zu stark mit allfälligen Handlungsergebnissen auseinander, anstatt sich darauf zu konzentrieren, mit welchen Handlungen man in der Gegenwart zum Erfolg gelangen könnte. Ebenfalls ungünstig wirkt sich aus, wenn die Aufmerksamkeit auf eigene Defizite gerichtet wird. Jeder Mensch hat eine Reihe von Schwächen und je mehr er gegen sie ankämpft, desto offenkundiger werden sie. Erfolgreiche Personen zeichnen sich hingegen dadurch aus, dass sie vor allem ihre Stärken ganz bewusst und gezielt zur Geltung bringen.

Hat man einmal erkannt, was einem in herausfordernden Situationen üblicherweise durch den Kopf geht, verstärkt man die positiven Gedanken und ersetzt die negativen mit solchen, die Druck verringern. Beispiele dafür sind «Ich bin bestens vorbereitet», «Erwartungen gehören dazu, und ich kann damit umgehen», «Ich freue mich auf die Herausforderung» oder «Ich weiß, was ich kann, und das werde ich auch zeigen». Wenn einem solche Denkweisen noch nicht vertraut sind, dauert es eine Weile, bis sie in Fleisch und Blut übergegangen sind. Dieser Vorgang lässt sich beschleunigen, indem man im Alltag potenzielle Drucksituationen bewusst aufsucht, sich mehr als üblich fordert, sich auch mal einer ungewohnten Aufgabe stellt und dabei die Gedankenkontrolle einübt. Nur schwierige Situationen bieten die Möglichkeit, sich weiterzuentwickeln und zu verbessern.

Am Beispiel Erwartungsdruck ist deutlich geworden, welchen Einfluss das Denken auf das Verhalten und die Leistung ausübt. Selbstverständlich gibt es eine Vielzahl weiterer Möglichkeiten und Bereiche, mit oder in denen sich mit der bewussten Steuerung der Gedanken ein positiver Effekt erzielen lässt. Diese Bereiche sind allerdings von Person zu Person verschieden. Wie es bei einem selbst steht, findet man am besten heraus, wenn man ungünstig verlaufene Ereignisse reflektiert. Vielleicht hat man sich über etwas aufgeregt, und der Ärger ist auch in der darauf folgenden Sitzung noch nicht verflogen – und «dank» der andauernden negativen Grundstimmung verläuft dann die Besprechung alles andere als wunschgemäß. Oder am Morgen geht etwas schief, und in der Überzeugung, einen schlechten Tag erwischt zu haben, werden weitere unbefriedigende Ereignisse folgen. Nun weiß mittlerweile jeder, dass man hier mit positivem Denken Gegensteuer geben muss. Das ist aber nicht ganz so einfach. Einzig mit dem Aufsetzen der rosaroten Brille wird man kaum den gewünschten Effekt erzielen.

Negative Gedanken soll man nicht verdrängen oder leugnen. Das wäre, wie wenn man versuchen würde, einen Flaschenkorken unter Wasser zu drücken. Man braucht nämlich Konzentration und Energie, um die negativen Gedanken unter der Oberfläche zu behalten, und kaum gibt man einmal zu wenig acht, tauchen sie sogleich wieder auf. Den Kampf gegen ungünstige Gedanken aufzunehmen würde bedeuten, dass man sich mit ihnen beschäftigt und sie eben gerade deshalb nicht loswird. Stattdessen gilt der Grundsatz, dass man unerwünschte Gedanken annimmt, sie kommen und wieder gehen lässt wie eine vorüberziehende Störung, um dann auf die positiven Gedanken und eigenen Ziele zurückzukommen.

Insbesondere von Ausdauersportlern weiß man, wie durch die Steuerung von Selbstgesprächen Leistungsreserven aktiviert werden können. Unter Umständen hat man selbst schon erlebt, wie das Selbstgespräch umschlägt, bevor man unter einer gegebenen Belastung aufgibt. Die Wende zum Negativen findet stets zuerst im Kopf statt. Man denkt «Jetzt schaffe ich es nicht mehr», und schon ist es passiert. «Die Gesunden und die Kranken haben ungleiche Gedanken», sagt ein deutsches Sprichwort, und davon abgeleitet kann man festhalten, dass der Grund für den Unterschied zwischen guten und schlechten Leistungen nicht zuletzt bei den Gedanken zu suchen ist. Wenn man vor der Diskussionsübung im AC denkt, dass man von den anderen Teilnehmern sowieso überfahren und wie immer Mühe haben wird, seine Meinung einzubringen, so wird dies vermutlich eintreffen, weil man die Übung gehemmt und passiv angeht. Betrachtet man den Rollenspieler im Mitarbeitergespräch als Feind und bringt ihm entsprechend negative Gefühle entgegen, wird man wohl kaum zu einem positiv-konstruktiven Gesprächsabschluss gelangen. Zusätzlich zur schwarzmalerischen Grundstimmung haben beide Beispiele gemeinsam, dass sie von den Verhaltensweisen ablenken, die für den Erfolg in der betreffenden Aufgabe ausschlaggebend sind. Damit wird sogleich die Richtung aufgezeigt, in welche die Gedanken gesteuert werden sollten. Es geht darum, sich zu vergegenwärtigen, was in der betreffenden Situation von einem verlangt wird und mit welchen Verhaltensweisen eine positive Wirkung bei den beteiligten Menschen sowie hinsichtlich der Zielsetzung erreicht wird. Positives Denken umschreibt diesen Sachverhalt also zu wenig präzise. Angemessener ist es, von *lösungsorientiertem Denken* zu sprechen. Dadurch entzieht man sich auch dem unrealistischen Anspruch, alles positiv sehen zu müssen, denn auch erfolgreiche Personen sind nicht vor negativen Gedanken gefeit. Was jedoch den Gewinner vom Verlierer unterscheidet, ist, wie er mit seinen Gedanken umgeht.

In Stresssituationen misslingt es oft, ein Vorhaben in die Tat umzusetzen. Man möchte beispielsweise die Präsentation mit einem Witz oder einer Anekdote auflockern, die Zuhörer reagieren jedoch mit sichtlichem Unverständnis, und schon gerät man aus dem Konzept. In der Postkorbübung stellt man fest, wie die Zeit davonläuft, ohne dass der Berg der Pendenzen sichtbar abgenommen hätte. Im aufkommenden Stress vergisst man das Prinzip, Wichtiges von Dringlichem zu unterscheiden, und versucht hektisch einfach noch möglichst viel zu erledigen. In der Gruppendiskussion verliert man den Faden und kann seine Argumente nicht durchbringen. In der Angst, völlig in der Versenkung zu verschwinden, fällt man den anderen ins Wort und spricht schneller und lauter, als man das sonst tun würde. Im Rollenspiel wird man von den Gegenargumenten des anderen überrascht, gerät ins Schwitzen und beginnt aus Mangel an eigenen Antworten zu befehlen.

Aus der Distanz betrachtet, ist es völlig offenkundig, dass das unangemessene Reaktionen sind, die nicht zum Ziel führen und bei den AC-Beobachtern sicherlich keine positive Resonanz erzeugen werden. Trotzdem können derartige Verhaltensweisen bei AC-Kandidaten immer wieder beobachtet werden. Wenn man solche Situationen vorausdenkt, gedanklich durchspielt, seine persönlichen Schwachstellen erkennt und ihnen gezielt mit Gedankenkontrolle entgegenwirkt, hat man eine solide Voraussetzung dafür geschaffen, dass einem genau das nicht passiert. Das bedingt jedoch, dass man stets eine gewisse «Helikopter-Perspektive» einzunehmen vermag. Neben dem Geschehen in den einzelnen Übungen sollte man das eigene Verhalten im Auge behalten. Dafür sind vor allem Training sowie die bereits angesprochene Aufmerksamkeit und Konzentration notwendig.

**Konzentration kann man trainieren**
Jeder hat wohl schon erlebt, dass er sich vor Prüfungen und anderen wichtigen Herausforderungen konzentrieren wollte und gleichwohl oder erst recht mit den Gedanken immer wieder abschweifte. Der Leitsatz «Jetzt musst du dich konzentrieren!» ist in solchen Fällen überraschend wirkungslos. Wer sich aufs Konzentrieren konzentrieren will, richtet seine Aufmerksamkeit eben gerade nicht auf das, was er im Moment tun sollte. Bei genauerer Betrachtung dürfte man in diesem Zusammenhang zur Einsicht gelangen, dass solche sehr allgemein gehaltenen Selbstgespräche generell nicht hilfreich sind. Was nützt es, wenn man sich anspornt, besser, schneller, gescheiter, erfolgreicher zu wer-

den. Damit ist überhaupt nichts darüber ausgesagt, was man tun kann, um dieses Vorhaben umzusetzen und das angestrebte Ziel zu erreichen. Daher muss der Fokus auf die jeweiligen erfolgverheißenden Verhaltensweisen gerichtet werden. Diese dann in der konkreten AC-Übung zur Geltung bringen zu können ist eine Frage der richtigen gedanklichen Ausrichtung und der mentalen Bereitschaft. Das bedingt auch, dass man sich im betreffenden Moment auf die Aufgabe konzentrieren kann und fähig ist, diesen Zustand auch unter Stress beizubehalten oder nötigenfalls wiederzuerlangen.

Als AC-Kandidat konzentriert zu sein bedeutet, sich unabhängig vom Übungsverlauf und von äußeren Einflüssen ganz auf sein Verhalten und seine Leistungsfähigkeit auszurichten, eine optimale Mischung von Gelassenheit und Gespanntheit auszustrahlen, aufmerksam zu sein und sein ganzes Potenzial in der jeweils nächsten Aktion zur Geltung zu bringen. Das umfasst die richtige Einstellung zur Aufgabe, zielgerichtete Wahrnehmung, die Fähigkeit, sich nicht ablenken zu lassen, sowie die Flexibilität, die Aufmerksamkeit situationsgerecht verlagern zu können. Wie erwähnt, ist es Teil einiger AC-Aufgaben, den Kandidaten mit einer Fülle von Informationen zu konfrontieren. Diese muss er selektiv aufnehmen und verarbeiten. Konzentration ist also die Kunst, Wahrnehmungen zu filtern und auszurichten, um die geforderten Aufgaben gut lösen zu können. Der erfolgreiche AC-Teilnehmer ist folglich in der Lage, sein Denken auf das Wichtige im *Hier und Jetzt* zu richten. Das ist eine Form der aktiven Konzentration, in der man bewusst auf alles achtet, was man kontrollieren und umsetzen kann.

Gleichzeitig handelt es sich dabei um eine Fähigkeit, die jedermann lernen kann und die mit der Gedankenkontrolle in Zusammenhang steht. Die Schwierigkeit, mit Druck umzugehen, wird zweifellos zu Konzentrationsproblemen führen. Außerdem wirken sich in diesem Zusammenhang natürlich auch Emotionen und die aktuelle Befindlichkeit auf die Aufmerksamkeit aus. Verschiedentlich konnte gezeigt werden, dass die Konzentrationsfähigkeit in dem Maße nachlässt, in dem man ängstlich oder wütend beziehungsweise gelangweilt oder müde ist. Die genannten Aspekte können nicht vollumfänglich kontrolliert werden. Doch hat man stets die Möglichkeit, gedanklich darauf zu reagieren und so das Steuer herumzureißen. Konkret heißt das: Man sollte versuchen, AC ausgeruht zu beginnen und bei mehrtägigen Veranstaltungen kein übergroßes Schlafdefizit anzuhäufen. Darüber hinaus lohnt es sich nicht, über eben Vergangenes zu grübeln. Überlegungen wie «Warum habe ich in der Präsentation die Zeitlimite nicht eingehalten?» oder «Wie konnte ich im Postkorb diese wesentliche Information übersehen?» führen unmittelbar zu einer negativen, defensiven Einstellung, die in einem AC mit großer Wahrscheinlichkeit weitere Misserfolgserlebnisse nach sich ziehen wird. In den Pausen zwischen den Übungen die eigene Leistung zu reflektieren und zu analysieren steht nicht im Widerspruch dazu. Anstatt zu grübeln, sollten indes fassbare Konsequenzen für die folgenden Aufgaben abgeleitet werden. Die Gedanken darauf auszurichten, was als unmittelbar Nächstes kommt, führt zur notwendigen offensiv-konstruktiven Einstellung.

Trotz allem kann es vorkommen, dass die Konzentration verloren geht und man beim besten Willen nicht in der Lage ist, die richtigen Gedanken zu fassen – so sehr man es auch möchte. In solchen Fällen helfen ganz bestimmte, einfache

Handlungsweisen. Diese kann man im Alltag proben und festigen, sodass sie selbst in der Stresssituation des AC funktionieren.

Eine bewährte Methode ist, sich für einzelne Aufgaben ganz bestimmte *Schlagwörter* oder *Bilder* bereitzuhalten. Diese haben einerseits mit den spezifischen Anforderungen der Übungen zu tun, andererseits mit den persönlichen Stärken, Schwächen und Anfälligkeiten bei der betreffenden Aufgabe. So hat man zum Beispiel an sich selbst schon erlebt, dass man unter Stress dazu neigt, zu schnell zu sprechen, an die hintere Wand des Seminarraums zu starren und sich in Nebensächlichkeiten zu verlieren. In diesem Fall sollte man als Erstes festlegen, worauf man sich in der Aufgabe konzentrieren möchte: zum Beispiel «langsam sprechen», «Blickkontakt mit Zuhörern halten» und «den roten Faden beibehalten». Aus diesen Punkten formuliert man dann Schlagwörter, die in entsprechenden Situationen immer wieder selbstständig angewendet werden. Also: langsam – Blickkontakt – roter Faden. Des Weiteren hat man in engagiert geführten Diskussionen vielleicht schon wiederholt die Erfahrung gemacht, dass man sich zu sehr zurückhält und seine Argumente dann nicht im richtigen Moment platzieren kann. Es gilt also, mit Spannung und Aufmerksamkeit bei der Sache zu sein und Vertrauen in seine Argumentationskraft zu setzen. Hier sind Schlüsselsätze wie «aufmerksam sein» und «Ich habe etwas zu sagen» hilfreich. Schließlich ist einem wohl bewusst, dass man unter Zeitdruck hektisch und unkoordiniert vorzugehen pflegt. Mit Blick auf den Postkorb ist es somit nützlich, gezielte Selbstgespräche unter dem Motto «Langsam, es pressiert» einzuüben.

Oft tun sich Personen schwer damit, nur mit reiner Vorstellungskraft eine Veränderung der Wahrnehmung beziehungsweise des Verhaltens zu erzielen. Gerade Konzentration lässt sich nicht mit Gewalt herbeiführen. Doch einfache Methoden können dazu beitragen, den Fokus wieder aufs Wesentliche auszurichten. Um die notwendige Energie und Konzentration auf die nächste Aufgabe aufzubauen, hat sich die Technik der *Augenkontrolle* bewährt: Man richtet die Augen auf einen bestimmten Punkt, zum Beispiel vor sich auf den Boden oder auf ein bestimmtes Objekt, beispielsweise einen Kugelschreiber auf dem Schreibtisch. Alles andere blendet man aus, der Fokus liegt ganz und gar auf dem gewählten Fixpunkt. Dieser Zustand ist der ideale Ausgangspunkt, um sich mit den individuell zurechtgelegten Schlagwörtern auf die bevorstehende Aufgabe vorzubereiten. Um den Effekt dieser kurzen gedanklichen Selbstversenkung zu verstärken, sollen die wesentlichen Schlagwörter während der optischen Fixierung innerlich oder auch halblaut mehrmals wiederholt werden. Dabei merkt man, wie man unempfindlich für Nebeneinflüsse wird, sich gewissermaßen mentale Scheuklappen anzieht und so die Ausgangslage für ein konzentriertes Vorgehen geschaffen hat.

**Rituale können helfen**
Wenn der oben beschriebene Ablauf den Charakter eines Rituals erhält, dann ist das nicht unüblich und kann durchaus beabsichtigt sein. So ist es kaum ein Zufall, dass die meisten erfolgreichen Sportlerinnen und Sportler von Ritualen berichten. Obwohl diese manchmal mit der betreffenden Sportart nur wenig zu tun haben, besitzen sie eine erstaunliche Macht. Sie haben nämlich die Funktion eines Auslösers, um die Konzentra-

tion zu vertiefen, einen bestimmten Ablauf einzuschalten oder die angestrebte Einstellung der gespannten Gelassenheit zu forcieren. Nun ist möglich, dass man selbst schon über bestimmte Rituale verfügt, die einem helfen, ruhig, konzentriert und selbstsicher zu bleiben. In diesem Fall soll man sich dieser bereits eingespielten Abläufe bewusst werden und sich ihrer weiterhin bedienen.

Man könnte nun einwenden, dass dies alles reiner Aberglaube sei und einen wohl eher in die Irre führe. Diese Gefahr beachtend, muss man sich genau Rechenschaft darüber ablegen, was man mit dem Ritual erreichen will. Genauso wie vor einem sportlichen Wettkampf hat man auch vor einer AC-Übung keine Ahnung, wie sie ausgehen wird. Auch die beste Vorbereitung ist keine Garantie für den Erfolg. In solchen Situationen der Unsicherheit kann ein Ritual den notwendigen Halt geben: Es läuft immer gleich ab, erinnert an bereits erfolgreich gemeisterte Herausforderungen und hilft, Sicherheit und Zuversicht zu fühlen. Mit dem Ritual allein bewältigt man keine Aufgabe, allerdings fördert es den Glauben an den Erfolg und schafft damit eine gute Ausgangslage, um die Problemstellung entschlossen und lösungsorientiert in Angriff zu nehmen.

Den Zustand der Konzentration kann man also zu einem gewissen Maß aktiv herbeiführen. Das ist nicht zuletzt dann von Bedeutung, wenn man mit dem Problem der Ablenkung konfrontiert wird. Wenn Gedanken wie «Da kann ich mich ja unmöglich konzentrieren» oder «Diese Unruhe lenkt mich völlig ab» auftauchen, wirkt die Technik der Gedankenkontrolle. Methoden wie die Augenkontrolle oder eigene bewährte Rituale sind wie ein schützender Mantel, der von äußeren Einflüssen abschottet. Idealerweise sollte man solche Abläufe im Alltag üben, bis sie ein vertrauter Teil des eigenen Denkens und Handelns werden. Es bieten sich regelmäßig Gelegenheiten, um die Konzentration zu schulen und seine Aufmerksamkeit auch unter erschwerten Bedingungen auf etwas zu richten. Man denke nur an die belebte Bahnhofshalle, die Geräuschkulisse eines Einkaufszentrums oder den dicht bevölkerten, lauten Vergnügungspark.

**Den Flow-Zustand erreichen**
Bis jetzt war stets davon die Rede, Konzentration aktiv herbeizuführen. Es gibt allerdings auch den nicht minder bedeutsamen Zustand der *passiven* Konzentration. Dieser lässt sich anstreben, indem man bewusst Gedanken und Tätigkeit in Einklang bringt und auf das Hier und Jetzt ausrichtet. Folgende bekannte Parabel bringt die dafür wesentliche Haltung auf den Punkt.

Ein in der Meditation erfahrener Mann wurde einmal gefragt, warum er trotz seiner vielen Beschäftigungen immer so gesammelt sein könne. Er gab zur Antwort: «Wenn ich stehe, dann stehe ich; wenn ich gehe, dann gehe ich; wenn ich sitze, dann sitze ich; wenn ich esse, dann esse ich; wenn ich spreche, dann spreche ich ...» Da fielen ihm die Fragesteller ins Wort und sagten: «Das tun wir auch, aber was machst du noch darüber hinaus?» Er sagte wiederum: «Wenn ich stehe, dann stehe ich; wenn ich gehe, dann gehe ich; wenn ich sitze, dann sitze ich; wenn ich esse, dann esse ich; wenn ich spreche, dann spreche ich ...» Wieder sagten die Leute: «Das tun wir doch auch.» Er aber sagte zu ihnen: «Nein, wenn ihr sitzt, dann steht ihr schon; wenn ihr steht, dann lauft ihr schon; wenn ihr lauft, dann seid ihr schon am Ziel ...»

In der Tat leben die meisten Menschen entweder in der Vergangenheit oder in der Zukunft. Wir sind es nicht mehr gewohnt, uns auf den Augenblick zu konzentrieren. Bei einer Routinearbeit denken wir an etwas anderes; beim Telefonieren lesen wir die E-Mails und beim Essen die Zeitung. Das hat im Alltag meist keine Konsequenzen, also sind wir auch nicht gezwungen, etwas daran zu ändern. Wenn wir es aber verlernt haben, uns auf den Moment zu fokussieren, dürfte es schwierig sein, dies in Situationen wie im AC plötzlich heraufzubeschwören. Überstürzte und unkontrollierte Aktionen geschehen dann, wenn man den «Augenblick» verliert oder etwas mit Gewalt erzwingen will. In solchen Fällen beginnt man über die Folgen seiner Handlungen nachzudenken, über Sieg oder Niederlage und was alles sonst noch passieren könnte. Sobald sich aber die Aufmerksamkeit auf andere, die Umgebung, auf Vergangenes oder Zukünftiges verlagert, ist die Konzentration weg. Man denkt über verpasste Chancen nach – und schon hat einen das negative Denken wieder eingeholt. Es lohnt sich also, sich auch im alltäglichen Leben auf den Moment auszurichten: bewusst aufstehen, ein paarmal bewusst tief ein- und ausatmen, bewusst frühstücken ... Je häufiger man darauf achtet, was man gerade tut, desto eher werden Bewusstsein und Handlung miteinander verschmelzen.

Die vollkommen auf den Punkt und auf den Augenblick ausgerichtete Konzentration führt durch Übung zum Zustand der «passiven Konzentration». Man muss sich kaum mehr bemühen, die Konzentration geschieht einfach. Man fühlt sich sicher und stark, ist locker gespannt oder gespannt locker, erbringt Höchstleistungen – alles fließt. Nicht von Ungefähr wird dieser Zustand in der Fachliteratur mit *Flow-Erleben* umschrieben und als bedeutender Bestandteil von erfolgreichem Handeln und Zufriedenheit hervorgehoben.

**Entspannung im richtigen Moment**
Jeder Mensch, der sich schon Herausforderungen gestellt hat, ist mit der Befindlichkeit vertraut, die man vor solchen Ereignissen spürt. Die einen empfinden eine deutlich erhöhte Spannung, die sich sowohl mental als auch körperlich bemerkbar macht. Sie haben Mühe, ihre Nerven zu beruhigen, und verfallen in hektische, teilweise unkontrollierte Aktivitäten. Die anderen werden angesichts der nahenden Prüfung plötzlich unerklärlich schlapp, was sich in geistiger Trägheit oder im typischen «Nervositätsgähnen» äußert. Beides sind selbstverständlich keine optimalen Voraussetzungen für gute Leistungen. Der Zustand der Müdigkeit und Apathie lässt sich relativ leicht beheben, schon ein zügiger Spaziergang in der frischen Luft kann Wunder wirken. Idealerweise unterstützt man dies mit Gedanken wie «Ich bin voll da» oder «Ich bin bereit und will mein Bestes geben». Mit dem Aktivierungsniveau ist es ähnlich wie mit dem Blutdruck: Es ist einfacher, ihn anzuheben, als ihn senken zu wollen. Demzufolge braucht es mehr, um allfällige Nervosität und Anspannung auf ein leistungsförderliches Niveau zu senken.

In der Ratgeberliteratur findet man zahlreiche Entspannungsmethoden, die sich allesamt zu bewähren scheinen. Entscheidend für den AC-Teilnehmer dürfte sein, dass sich die betreffende Technik mit möglichst wenig Aufwand aneignen lässt. Ebenso einfach wie wirkungsvoll ist die Kontrolle der Atmung. Vielleicht hat man selbst schon erlebt, dass man in einer extremen Stresssituation nur noch nach Luft schnappte, ohne richtig auszuatmen. Hier ist es gut zu wissen, dass Ausatmen immer eine entspannende Wirkung hat. Wenn man bewusst darauf achtet, bedeutend länger aus- als einzuatmen, stellt man in der Regel bereits einen positiven Effekt fest. Spürt man nun die Spannung in sich aufsteigen, sollte man während des Atmens mitzählen, beispielsweise 1 – 2 – 3 während des Einatmens und 4 – 5 – 6 – 7 – 8 – 9 während des Ausatmens, bis es zu einem ganz natürlichen Atmungsrhythmus kommt. So erreicht man automatisch einen Entspannungseffekt und bedient sich zugleich eines Rituals. Wie erwähnt, ist dies eine zusätzliche Hilfe, um wieder zu sich, zur Konzentration und zu positiven Gedanken zu finden. Häufig ist die Kombination aus *Entspannungsatmung* und bewusster Zuversicht bereits ausreichend dafür.

Möchte man eine tiefer greifende, langfristige Wirkung erzielen, bietet sich mit dem autogenen Training eine der bekanntesten Entspannungsmethoden an. Wer die betreffenden Abläufe ausreichend geübt hat und von dieser Technik überzeugt ist, wird mit großer Wahrscheinlichkeit das gewünschte Resultat, nämlich umfassende Entspannung, erzielen. Da die Vorgehensweise weitestgehend auf bestimmten Vorstellungen beruht und somit ein rein mentaler Vorgang ist, tun sich jedoch viele schwer damit. Gerade Sportler oder andere praxisorientierte Menschen vermissen beim autogenen Training die physische Komponente. Diesbezüglich stellt die sogenannte *Progressive Muskelentspannung* eine sinnvolle Alternative dar. Hier werden der Reihe nach bestimmte Muskelgruppen angespannt und anschließend wieder gelockert. Der Haupteffekt ist dabei, dass durch die vorangehende kurze Anspannung die Entspannung *deutlich* stärker empfunden wird.

In der konkreten Umsetzung sollte diese Übung am besten in einem ruhigen Umfeld entweder im Liegen oder in einer bequemen Sitzhaltung durchgeführt werden. Die Muskelgruppen werden für etwa fünf Sekunden angespannt, während man normal weiteratmet. Die Spannung soll deutlich spürbar sein, ohne in Verkrampfung überzugehen. Nach fünf Sekunden wird die Spannung vollständig gelöst. Es folgt eine Ruhepause von etwa dreißig Sekunden, während der man sich ganz auf die Empfindungen in der betreffenden Muskelgruppe fokussiert und die eintretende Lockerung bewusst wahrnimmt. Durch die Konzentration auf die Entspannungsempfindungen und das Genießen der anschließenden Lockerung wird der Ruhezustand vertieft. Da der Schwerpunkt auf der Entspannung liegt, ist diese Phase auch deutlich länger.

Bezogen auf die beteiligten Muskelgruppen wird die Übung in vier Teile aufgegliedert. Der erste bezieht die Arme ein – und zwar wie folgt:
- rechte Hand (Faust ballen)
- linke Hand (Faust ballen)
- beide Hände (Fäuste ballen)
- Bizeps des rechten Oberarms (Arm beugen)
- Bizcps des linken Oberarms (Arm beugen)
- rechter und danach linker Trizeps (mit gestrecktem Arm den Handrücken auf den Oberschenkel pressen)

Als Nächstes sind Gesicht und Schultern an der Reihe:
- Stirn (Hochziehen der Augenbrauen)
- Augen (zusammenkneifen)
- Kiefermuskeln (Zähne aufeinanderpressen)
- Lippen (aufeinanderpressen)

- Nackenmuskulatur (umfasst drei Teile: Kopf nach hinten ziehen; dann Kopf gegen die rechte respektive linke Schulter ziehen)
- Halsmuskeln (Kopf gegen die Brust ziehen)
- Schultermuskeln (Schultern hochziehen)

Es folgen Partien der Rumpfmuskulatur:
- Brustmuskeln
- Bauchmuskeln (nach außen drücken)
- Bauchmuskeln (nach innen ziehen)
- Rückenmuskeln (Schulterblätter nach hinten ziehen)

Zum Schluss kommen noch die Beine dran:
- Gesäß- und Oberschenkelmuskeln (Beine nach vorne ausstrecken)
- Waden (Füße und Zehen nach unten drücken)
- Schienbeinmuskeln (Zehen und Füße nach oben ziehen)

Die Reihenfolge kann man sich gut merken, und die Gliederung in Übungsteile gibt die Möglichkeit, je nach Zeit und Rahmenbedingungen auch nur einzelne Elemente zu trainieren. Gerade zu Beginn ist es sinnvoll, zumindest jeden zweiten Tag ein oder zwei der vier Übungsteile durchzuführen. Auf diese Weise hat man die betreffenden Abläufe nach wenigen Wochen verinnerlicht. Man kann das Ganze oder Teile davon fast überall anwenden. Vor einer herausfordernden Aufgabe hilft es, sich auf sich selbst und den Moment auszurichten, zwischen zwei anstrengenden Sitzungen die Konzentration wiederzufinden oder nach einem harten Arbeitstag die Regeneration zu fördern. Vor diesem Hintergrund ergibt sich die Anwendung der Progressiven Muskelentspannung im Kontext des AC wie von selbst: vor dem AC – zwischen den Übungen – am Abend des ersten Tages.

Möchte man mit derselben Methode die Entspannung noch vertiefen, so bieten sich verschiedene Möglichkeiten an. Es können beispielsweise die einbezogenen Muskelgruppen in der Vorstellung nochmals durchgegangen werden. Hierbei macht man sich die Entspannung erneut bewusst und lässt noch mehr los. Verstärkt wird dies, indem man «durch den Muskel hindurch ausatmet» und das Ganze mit Schlüsselwörtern wie «loslassen», «lösen» oder «abschalten» unterstützt. Gelingt es einem, den Vorgang mit passenden Bildern wie z. B. Lichter löschen, Naturszenen, schlafendes Tier zu verbinden, dürfte sich dies zusätzlich positiv auf das Entspannungsempfinden auswirken.

Die Vorteile der Methode der Progressiven Muskelentspannung liegen im Kennenlernen von körpereigenen Spannungszuständen, der körperlich-seelischen Entspannung sowie im Lösen von Muskelverspannungen. Die Anwendung dieses Verfahrens ist auch im Alltag sinnvoll. Dieser Umstand dürfte dazu beitragen, die richtige Einstellung zum Training zu finden. Denn darin liegt normalerweise der Knackpunkt. Das Erlernen der Technik ist kein Problem. Entscheidend ist vielmehr, ob man bereit ist, sich darauf einzulassen und den betreffenden Ablauf einige Wochen lang konsequent anzuwenden. Denn auf der Basis des «Ausprobierens» und der halbherzigen Umsetzung kann nie eine brauchbare Bilanz gezogen werden, ob die Methode für einen selbst die erhoffte Wirkung bringt oder nicht.

Bei der Umsetzung aller bisher vorgestellten Techniken zur

Vorbereitung auf das AC haben wir mehrmals darauf verwiesen, wie wichtig die mentale Einstellung ist. Dazu im Folgenden noch einige generelle Anmerkungen.

**Die Gewinner-Mentalität**
Angesichts der bisherigen Ausführungen zum AC sollte klar geworden sein, dass man sich in den einzelnen Übungen exponieren, etwas von sich geben und damit den Beobachtern «Material» für ihre Einschätzungen liefern soll. Die Hinweise im Abschnitt zur Gedankenkontrolle haben ebenfalls deutlich gemacht, dass es sich lohnt, die Übungen mit einer offensiv-konstruktiven Grundhaltung anzugehen. In diesem Zusammenhang muss aber auch erwähnt werden, dass Assessoren auf allzu große Selbstdarstellung häufig empfindlich reagieren. Erfahrene AC-Beobachter verfügen in der Regel über ein gutes Gespür und merken, wenn jemand den Bogen überspannt. Es reicht also nicht, vor dem AC den absoluten Siegeswillen und ein übersteigertes Selbstwertgefühl aufzubauen. Vielmehr ist angezeigt, die Regeln einer wettkampfähnlichen Situation zu akzeptieren, sich auf die eigenen persönlichen Stärken zu besinnen und darauf zu vertrauen, dass man sie im entscheidenden Moment nutzbringend einzusetzen weiß.

Wer sich auf einen Wettbewerb einlässt, nimmt mehr oder weniger bewusst stets eine Niederlage in Kauf. Die Teilnahme an einem AC bringt es mit sich, dass man allenfalls ein negatives Feedback erhält und nicht für die gewünschte Position vorgeschlagen wird. Wie bereits erwähnt, wirkt der Gedanke an den möglichen Misserfolg hemmend. Das kann sich z. B. im Verlauf der Gruppendiskussion darin äußern, dass man sich zu sehr zurückhält. Man wägt die eigenen Beiträge sorgfältig ab, und wenn man dann etwas sagen möchte, ist das Gespräch bereits bei einem anderen Thema angelangt. Oder im Konfliktgespräch möchte man auf keinen Fall etwas Falsches sagen, überlässt aber so dem anderen die Initiative und hat am Schluss nichts bewirken können. Um zur erforderlichen offensiv-gelassenen Einstellung zu gelangen, muss die Angst vor Fehlern und vor dem Scheitern bewältigt werden. Dazu gehört, dass man sich auch mal selbst auf die Schultern klopft und sich gratuliert, es überhaupt so weit geschafft zu haben. Zudem kann man sich dafür loben, dass man sich solchen Herausforderungen zu stellen bereit ist und sich damit von vielen anderen abhebt. Diese Gedanken sind überhaupt nicht anrüchig. Vielmehr machen sie einen bestimmten Sachverhalt bewusst, der sich günstig aufs Selbstvertrauen auswirkt. Sind diese Relationen mal klargestellt, besteht der nächste Schritt darin, sich mit Erfolg und Misserfolg auseinanderzusetzen. Wer in erster Linie bestrebt ist, Misserfolg zu vermeiden, entwickelt sich nicht weiter. Im Alltag mag das eine Weile gut gehen. Das Beispiel des Sports zeigt aber deutlich, dass man auf dem Weg zum Sieg Risiken eingehen muss. Das bedingt, dass man Rückschläge erleben wird, wenn man Erfolg haben will. Der Leitsatz «Hate to lose, but don't be afraid to lose!» gibt die Richtung vor.

Enttäuschungen gibt es immer. Was erfolgreiche von weniger erfolgreichen Menschen unterscheidet, ist die Art und Weise, wie sie damit umgehen. Das AC besteht nicht zuletzt deshalb aus mehreren Übungen: Die Teilnehmenden können so den Beweis erbringen, dass sie nach einem Dämpfer auch wieder aufstehen. Mit diesem Gedanken im Hinterkopf fällt es einem leichter, sich zum Beispiel nach einer offenkundig missratenen Präsentation positiv auf das nachfolgende Konfliktgespräch einzustimmen. Selbstverständlich gelingt dies auf der Basis eines gesunden Selbstvertrauens umso besser.

Allgemein nimmt man an, dass *Selbstvertrauen* eine Charaktereigenschaft ist, die man hat – oder eben auch nicht. Das entspricht aber nicht ganz der Wahrheit. Sicher gibt es einen Anteil, der mit der Persönlichkeit des Einzelnen verbunden und relativ stabil ist. Daneben gibt es aber noch einen Anteil des Selbstvertrauens, der von der momentanen Situation abhängig und je nach Erfahrung, Vertrautheit und Training verschieden stark ausgeprägt ist. So kann man sich im Zweiergespräch wohlfühlen, weil man solche Situationen aus dem eigenen beruflichen Alltag kennt und dabei schon öfter positive Ergebnisse erzielt hat. Hingegen ist das Selbstvertrauen in der Präsentationsübung nicht derart ausgeprägt, weil man nicht gern vor großem Publikum spricht und keine direkte Rückmeldung erhält, ob die Äußerungen wie beabsichtigt ankommen. Möchte man nun vor diesem Hintergrund Selbstvertrauen aufbauen, dann sollte die Energie vor allem darauf verwendet werden, an den vorhandenen Stärken zu arbeiten. Das will nicht heißen, dass man jegliche Form von Kritik respektive Selbstkritik ablehnt. Natürlich sollte man sich selbst regelmäßig kritisch hinterfragen. Dies darf jedoch nicht in Schuldgefühle münden. Eine sachliche Analyse der Situation und der eigenen Möglichkeiten führt zu klaren und befreienden Konsequenzen, die am besten mit «Ich kann …» und «Ich werde …» beginnen.

Im Leben erfährt man immer wieder Rückschläge – eine gute Gelegenheit, den Umgang mit ihnen zu üben. Den Ausschlag gibt, dass man diese Situationen überhaupt wahrnimmt. Mental starke Personen unterscheiden sich von anderen in der

Regel darin, dass sie sich der entscheidenden gedanklichen Vorgänge *bewusst* sind und dadurch in einer vergleichbaren Situation schneller reagieren und lösungsorientierter vorgehen können. In Anbetracht dessen ist zu empfehlen, ein Tagebuch zu führen. Darin kann man festhalten, in welchen Momenten man während des Tages stärker als durchschnittlich gefordert war, wie man reagiert hat und welches Ergebnis erzielt werden konnte. Von Zeit zu Zeit kann man Bilanz ziehen, bestimmte Tendenzen sowie Stärken und Schwächen identifizieren und überlegen, worauf man sich im Zweifelsfall abstützen kann und wo man noch Steigerungspotenzial sieht.

Der Abschnitt zur Gedankenkontrolle weiter oben enthält Hinweise, wie man sich mentale Stärke aneignen kann. Die Ausführungen zur Gewinner-Mentalität geben einen eher allgemeinen Überblick, wie man sich auf ein bevorstehendes AC einstellen kann. Einiges davon kann durchaus als Rezept verstanden werden. So dürfte es sich grundsätzlich lohnen, negative und Druck erzeugende Gedanken zu erkennen und gezielt durch leistungsfördernde zu ersetzen. Hingegen brauchen der Umgang mit Erfolgen und Misserfolgen sowie das gezielte Ausleben eigener Stärken etwas mehr Zeit. Man muss eventuell bestimmte Grundhaltungen kritisch hinterfragen und scheinbar bewährte Denkgewohnheiten aufgeben. Vielleicht reicht aber nur ein Anhaltspunkt – etwas, worüber man sich einfach noch nie Gedanken gemacht hat –, der ein Aha-Erlebnis auslöst. Dies kann wesentlich dazu beitragen, sich der nächsten Prüfung, dem kommenden Wettkampf oder dem AC mit Entschlossenheit und Zuversicht zu stellen. Das könnte zum Beispiel der Hinweis sein, dass man alle erwähnten Vorbereitungsmethoden in den Alltag integrieren und somit generell an einer zunehmend erfolgversprechenden Einstellung arbeiten kann; oder die Erkenntnis, dass man auf dem Weg zum Erfolg Risiken eingehen und dafür auch bewusst Niederlagen und Rückschläge in Kauf nehmen muss. Wichtig ist die Überzeugung, dass man diese Elemente der mentalen Stärke zu einem Bestandteil des normalen Denkens machen will. Lösungsorientiertes Denken ist kein Etikett, das man sich einfach anheften kann, wenn es notwendig ist. Konzentrationsfördernde Rituale sind keine Werkzeuge, die man bei Bedarf alle paar Jahre mal hervorholt. So haben mental starke Athleten das mentale Training vollständig in ihr Sportlerdasein integriert und merken kaum mehr, wenn sie sich der entsprechenden Hilfsmittel bedienen.

**Trotz aller Vorbereitung ...**
Nun könnte der Eindruck aufkommen, dass die Beachtung dieser Tipps den Weg zum erfolggekrönten AC ebnet. Natürlich werden damit günstige Voraussetzungen geschaffen, sonst hätten wir diese Aspekte nicht aufführen und erläutern müssen. Trotzdem oder gerade deswegen wollen wir zum Abschluss dieses Kapitels noch auf einige Fallen hinweisen, die typischerweise auftauchen.

Vielleicht hat man selbst schon einmal im Hinblick auf eine entscheidende Prüfung alles Menschenmögliche unternommen. Man dachte, nun könne wirklich nichts mehr schiefgehen, hatte sich dabei aber derart verkrampft, dass im entscheidenden Moment die gewünschte Leistung nicht abgerufen werden konnte. An alles denken, auf alle Eventualitäten vorbereitet sein zu wollen, kann Druck aufbauen, der letztlich hemmend wirkt. Ähnliches lässt sich immer wieder bei Athletinnen beobachten, die sich beispielsweise nach abgeschlossener Lehre voll auf ihren Sport konzentrieren. Unter Umständen engagieren sie noch einen Mentaltrainer und denken, dass sich nun der Erfolg einstellen muss. Läuft dann das erste Rennen nicht wie erwartet, beginnen sie erst recht zu hadern und manövrieren sich in eine Negativspirale, aus der sie nur mit viel Aufwand – wenn überhaupt – wieder herausfinden. Kurz: Wer sich zu viel vornimmt, läuft Gefahr, sich im entscheidenden Moment mit dem ganzen guten Willen selbst im Weg zu stehen.

Schließlich soll die Vorbereitung nicht zu Verkrampfung führen, sondern dazu dienen, sich mit Sicherheit und Zuversicht auf den Prozess einzulassen. Es ist wie mit dem Jazz-Musiker, der seriös und gezielt übt, was meistens harte Arbeit und eher selten ein Vergnügen ist. Tonleitern, Tonarten, Tempi, Rhythmen, Finger- und Atemübungen werden durchexerziert, bis er sie verinnerlicht hat. Am Konzert selbst hat er das alles «vergessen», er geht ganz in der Musik auf und steigert sich zu meisterhaften Improvisationen. Improvisationen notabene, die ihm ohne die unzähligen Stunden mühseligen Übens nie gelungen wären. Wenn auch nicht ganz auf dieser kreativen Ebene, so verhält es sich mit der Vorbereitung aufs AC ähnlich. Man eignet sich die Methoden und Techniken an, verfeinert sie, wendet sie wo immer möglich an und macht sie sich zu Eigen. Wenn das AC beginnt, reicht das Wissen, dass man seinen Anteil geleistet hat, um erfolgreich zu sein. Mit dem Grundgedanken «Jetzt sollen sie kommen, ich bin bereit!» lässt man sich auf den Prozess ein, macht aus jeder Situation das Beste und bleibt dabei zuversichtlich und locker.

**Auf einen Blick**

Wer sich in der Vorbereitung auf einen bestimmten Aufgaben- oder Testtypus festlegt, läuft Gefahr, sich zu sehr auf etwas zu versteifen. Man kann dann nicht mehr auf Abweichungen und situative Änderungen reagieren. Es lohnt sich also, keine ganz konkreten Verhaltensweisen, sondern bewährte Grundsätze und Strukturen einzuüben, die sich je nach Problemstellung anpassen lassen. Das können ein Raster für eine Präsentation, bestimmte Arbeitstechniken oder verschiedene Optionen für Gesprächseröffnung oder -abschluss sein.

Als zusätzliche Unterstützung ist zu empfehlen, sich einfache Leitsätze einzuprägen. Diese müssen einfach und gut zu verallgemeinern sein, damit sie auch in Stresssituationen noch abgerufen und auf möglichst viele verschiedene Problemstellungen angewendet werden können. Idealerweise werden solche Abläufe und Merksätze in vergleichbaren Alltagssituationen angewendet und zur Gewohnheit gemacht. Da es im AC stets um die Wirkung nach außen geht, bewährt es sich, diesbezüglich regelmäßig und gezielt Rückmeldungen von Freunden einzuholen.

Zwischen einem AC und einem sportlichen Wettkampf gibt es diverse Parallelen. Auch nach umfassender Vorbereitung bleiben Unwägbarkeiten, Dinge, die man nicht beeinflussen kann. So ist der reale Wettkampf- beziehungsweise Selektionsstress nie hundertprozentig kontrollierbar. Mit mentalem Training im Bereich der Gedankenkontrolle, Konzentration, Entspannung und der persönlichen Einstellung schafft man die Voraussetzung, auf Unvorhergesehenes und Rückschläge gelassen und zuversichtlich reagieren zu können.

Möglichst viel über das AC-Verfahren zu wissen, reduziert Stress, gibt Sicherheit und erlaubt, das Ganze so zu nehmen, wie es ist. Mit dem Motto «Du kannst zwar nicht den Wind bestimmen, aber du kannst die Segel richten» im Hinterkopf, wird man sich in der konkreten Situation darauf konzentrieren, was man als Kandidat selbst zu einem positiven Ergebnis beitragen kann.

## 6. Das Ergebnis des Assessment-Centers nutzen

*Nach zwei intensiven AC-Tagen begibt sich Herr M. mit einem recht guten Gefühl auf den Heimweg. Es hat sich gelohnt, vor dem AC bei diversen Gelegenheiten die Struktur von Kurzpräsentationen einzuüben. Auch beim Postkorb schaffte er es dank der zuvor erprobten zügigen und gezielten Vorgehensweise fast alle Pendenzen zu erledigen. Allerdings wird er in Bezug auf die Gruppendiskussionen den Eindruck nicht los, teilweise zurückgedrängt worden zu sein. Jedenfalls konnte er seine Argumente nicht wunschgemäß einbringen. Und was die Ergebnisse der psychologischen Tests betrifft, ist man sich sowieso nie sicher. Immerhin weiß er, dass er alle Aufgaben bearbeiten konnte. Noch etwas aufgewühlt von dieser speziellen Erfahrung will er nun natürlich vor allen Dingen wissen, ob er für die angestrebte Führungsposition empfohlen wird oder nicht. Durch die verschiedenen Aufgabenstellungen und die persönliche Erfahrung, die er im AC generell gemacht hat, ist aber auch sein Interesse an einem ausführlichen Feedback geweckt worden. Über Ergebnisrückmeldungen war ihm schon so einiges zu Ohren gekommen. Ein Kollege von Herrn M. erhielt die Resultate von einem jungen Psychologen, der erst seit wenigen Wochen in der Firma arbeitete und ziemlich unsicher wirkte; einer Kollegin sandte man einen zwanzigseitigen Bericht zu mit dem Angebot, diesen mit ihrem*

*Chef zu erörtern. Nur war ihr Vorgesetzter gar nicht beim AC dabei gewesen. Herr M. erwartet hingegen, das Feedback im Rahmen eines persönlichen Gesprächs mit einer für ihn glaubwürdigen Fachkraft zu erhalten. Wenn er dabei mehr über seine eigene Person erführe und zudem konkrete Hinweise zur beruflichen und persönlichen Weiterentwicklung bekäme, dann hätte sich die Teilnahme aus seiner Sicht gelohnt.*

**Die Bedeutung des Feedbacks**

Am besten betrachtet man den Feedbackbericht und das Feedbackgespräch als weiteren Bestandteil des AC, auch wenn dieser Prozessschritt im detaillierten Ablaufplan des Verfahrens meist nicht aufgeführt ist. Mit dieser Sichtweise nimmt man die AC-Verantwortlichen wie auch sich selbst in die Pflicht, diese letzte Etappe unter Beachtung relevanter Qualitätskriterien und mit dem notwendigen Engagement anzugehen.

Dank der Beteiligung zahlreicher Personen und des klar strukturierten Beobachtungs- und Beurteilungsprozesses fallen im Verlauf eines AC eine Unmenge relevanter Informationen an. Auf dieser Basis wird in der Beobachterkonferenz meist eine grundsätzliche Entscheidung gefällt – sei es im Hinblick auf die Aufnahme im Unternehmen, eine Beförderung oder bestimmte Laufbahnmöglichkeiten und Entwicklungsmaßnahmen. Logischerweise interessiert sich die AC-Kandidatin in erster Linie dafür, wie der betreffende Beschluss ausgefallen ist. Folglich sehen viele AC-Anwender vor, den Teilnehmern das Gesamtergebnis möglichst früh mitzuteilen. Dazu bieten sich natürlich sämtliche möglichen Kommunikationsmittel an. Idealerweise erfolgt diese Nachricht zumindest in Form eines kurzen Telefongesprächs. Dies erlaubt dem Kandidaten, sich zum Verdikt zu äußern und allenfalls einige Fragen zu stellen. Dieses Vorgehen führt dazu, dass die Kandidatin eine verbindliche Antwort auf die für sie dringendste Frage erhalten hat. Die Spannung ist damit mehrheitlich abgebaut, und es dürfte seitens des AC-Absolventen Offenheit für weitere Informationen gegeben sein. Das ist die Ausgangslage für eine detaillierte Erörterung des gezeigten Verhaltens sowie die gemeinsame Entwicklung möglichst viel versprechender Maßnahmen.

Das Feedback im Anschluss an ein AC ist nichts grundsätzlich anderes als ein Rückmeldegespräch im beruflichen Alltag. Es gelten also dieselben Regeln, die zu einem konstruktiven und nutzbringenden Prozess beitragen. Wesentliche Voraussetzungen dafür sind der Inhalt des Feedbacks, der normalerweise in einem schriftlichen Bericht festgehalten wird, die Person und Kompetenz des Feedbackgebers, bestimmte Rahmenbedingungen sowie die Persönlichkeitsmerkmale und Einstellung des Feedbackempfängers. Diese Elemente werden nachfolgend eingehend erläutert. Damit gibt man dem künftigen AC-Kandidaten einerseits eine Idee davon, was er im Rahmen des Feedbackprozesses erwarten darf, andererseits zeigt dies auf, mit welcher Grundhaltung er daraus einen Nutzen ziehen wird.

**Inhalt und Struktur des Feedbackberichts**
Mit den heutigen technischen Möglichkeiten der automatischen Textgenerierung ist es ohne Weiteres denkbar, dass man nach Ausfüllen eines Persönlichkeitstests eine zwanzigseitige Dokumentation erhält. Diese wird sprachlich einwandfrei abgefasst sein und scheinbar detailliert auf wesentliche Anforde-

rungsdimensionen eingehen. Allen AC-Kandidatinnen ist jedoch zu empfehlen, den Bericht einer genaueren Betrachtung zu unterziehen und eventuell die Meinung einer nahestehenden Person einzuholen. Aus der Psychologie kennt man die Neigung des Menschen, vage und allgemeingültige Aussagen über die eigene Person als zutreffende Beschreibung zu akzeptieren. Das beweisen zum Beispiel Zeitungshoroskope. Die betreffenden Aussagen sind so formuliert, dass sie nicht widerlegt werden können. Es werden dabei allgemeine Wünsche wie zum Beispiel nach guten sozialen Kontakten oder dem Erzielen guter Leistungen angesprochen. Allzu viele Sowohl-als-auch-Formulierungen wie «Sie wollen andere meistens von Ihrer Meinung überzeugen, doch Sie ringen auch immer wieder um Konsens» sollten ebenfalls kritisch hinterfragt werden. Des Weiteren sind unklare oder sehr generelle Hinweise wie «Sie neigen zur Bequemlichkeit» oder «Mit Engagement und Ehrgeiz stellen Sie sich gerne Herausforderungen» bestenfalls Zeilenfüller. Sie treffen vermutlich auf die allermeisten AC-Kandidaten zu und stellen für die Feedbackempfängerin deshalb kaum einen Mehrwert dar. Bewerber haben also ein Anrecht darauf, einen individuellen, wirklich auf sie und ihre Leistung im AC maßgeschneiderten Feedbackbericht zu erhalten. Dessen Merkmale und Wirkungen werden nachfolgend kurz umrissen.

Wie gesehen, sollte der Umfang des Feedbackberichts nicht als wichtigstes Qualitätskriterium erachtet werden. Viel bedeutender sind seine Verständlichkeit sowie klarer Bezug auf Verhalten und Leistung. Dies wird unter anderem durch einen eindeutigen Bezug auf die Anforderungsdimensionen mit gleichzeitigem Verweis auf Beispiele aus den verschiedenen

Übungen erreicht. Hinsichtlich des seitens der Unternehmung erwarteten Führungsverhaltens könnte das wie folgt aussehen: «Die von uns angestrebte zielorientierte Führungskultur kommt vor allem in Diskussionen und in Mitarbeitergesprächen zum Tragen. Sie haben in den drei betreffenden AC-Aufgaben von Anfang an das jeweilige Gesprächsziel deutlich gemacht, die Ergebnisse schriftlich festgehalten und die sich ergebenden Aufgaben sinnvoll verteilt. Damit haben Sie Verhaltensweisen gezeigt, die wir für unsere Führungskräfte als wesentlich erachten.» So wird ein konkreter und sichtbarer Bezug zwischen beobachteten Verhaltensweisen und den Anforderungen der Zielposition hergestellt. Auch dem Anspruch, dass die Rückmeldung spezifisch und nachprüfbar sein soll, wird man mit solchen Hinweisen gerecht. Ebenfalls dürfte der Verhaltensbezug deutlich geworden sein. Dieses zentrale Merkmal der AC-Methode sollte sich auch im Feedbackbericht ausdrücken – und könnte etwa so klingen: «Im Bereich der Kommunikation fällt auf, dass Sie normalerweise flüssig und in angemessener Lautstärke sprechen. Als Sie im Kurzreferat unter Zeitdruck gerieten, haben Sie mehrere Male gestockt und zahlreiche Sätze nicht beendet. Im Mitarbeitergespräch nahm die Lautstärke Ihrer Stimme merklich zu, als Ihnen der Gesprächspartner wiederholt widersprach.» Auch wenn sie wie hier negativ ausfallen, werden solche verhaltensorientierten Rückmeldungen von den Teilnehmern besser akzeptiert. Denn im Gegensatz zu Eigenschaften («Sie sind ein schlechter Kommunikator») oder Fähigkeiten («Sie können nicht gut mit Widerspruch umgehen») sind Verhaltensmerkmale direkt fassbar und erlauben, gewünschte Änderungen direkt anzusprechen beziehungsweise in die Wege zu leiten.

Ein AC-Bericht ist häufig ein ausformuliertes Stärken-Schwächen-Profil. Folglich kommt man nicht umhin, auch Defizite anzusprechen. Aus der psychologischen Forschung ist bekannt, dass die meisten Menschen empfänglicher für Feedback sind, das zuerst Stärken anspricht. Diese dienen wohl als eine Art mentale Türöffner und erhöhen die Bereitschaft, die anschließend aufgeführten Schwächen zu akzeptieren. Diese müssen leicht nachvollziehbar beschrieben werden. Wird diesbezüglich um den heißen Brei herum geschrieben, stößt man beim Feedbackempfänger wohl eher auf eine ablehnende Haltung. Anschließend wird in einem qualitativ guten AC-Bericht meist mit Rückbezug auf die Stärken eine Weiterentwicklung angeregt. Man spricht hier von der «Sandwich-Methode»: Negatives zwischen zwei Schichten positiver Rückmeldungen eingebettet, wird von den meisten Feedbackempfängern am besten goutiert. Das könnte anhand eines konkreten Beispiels so aussehen: «In der Diskussion wurden Sie als eine der aktivsten Teilnehmerinnen wahrgenommen. Sie haben zu Beginn deutlich aufs Ziel verwiesen, Ergebnisse sowie Zwischenergebnisse haben Sie festgehalten und wo nötig Aufgaben und Verantwortlichkeiten verteilt. Leider haben Sie es nicht geschafft, die Beiträge der anderen Teilnehmer ausreichend einzubeziehen oder sie durch Fragen und Aufforderungen in den Gesprächsverlauf zu integrieren. So blieb zum Schluss unklar, inwieweit das Fazit der Diskussion von allen Beteiligten mitgetragen wird. Um zu guten Ergebnissen zu gelangen, verfügen Sie über die Stärke, Prozesse zu steuern und Ergebnisse zielorientiert voranzutreiben. Es ist zu wünschen, dass Sie zusätzlich andere durch Fragen in eine gemeinsame Diskussion einbinden und so insgesamt die Effektivität des Teams erhöhen.»

In einem guten AC-Bericht werden solche Einzelhinweise zur Verbesserung und Weiterentwicklung am Schluss zu einigen wesentlichen Zielsetzungen verdichtet. Diese müssen natürlich weiterhin im Zusammenhang mit dem Anforderungsprofil stehen. Im oben beschriebenen Beispiel hat sich die angehende Führungskraft in den interaktiven Aufgaben durchaus in Szene setzen können, hat steuernd auf die Gespräche Einfluss genommen und wenn nötig Maßnahmen abgeleitet. Hingegen beachtete sie dabei die Inputs und Meinungen der anderen kaum und wirkte so insgesamt wenig kooperativ. Ist dem betreffenden Unternehmen ein mitarbeiterorientierter Führungsstil wichtig, kann hierzu ein direkter Bezug hergestellt werden. Mit einer relativ generellen Zielsetzung wie «Achten Sie in Zukunft darauf, während Gesprächen und Diskussionen die Ansichten und Meinungen der anderen bewusst einzubeziehen» soll die Feedbackempfängerin zur Entwicklung angeregt werden. Aus einer guten Zielformulierung lassen sich konkrete, überprüfbare Maßnahmen ableiten. Im betreffenden Fall könnte man nun der Teilnehmerin empfehlen, sich vor jedem Gespräch eine Strategie zurechtzulegen, die ausdrücklich die Meinungen der Gesprächspartner berücksichtigt. Konkret bedeutet das unter anderem, dass sie vor dem Ziehen eines Fazits und dem Verteilen der Aufträge nochmals jedem Beteiligten die Möglichkeit gibt, sich zu äußern. Des Weiteren wird dem AC-Absolventen die Option aufgezeigt, einen Diskussionsteilnehmer zu bestimmen, der ihm jeweils im Nachhinein genau zu diesem Punkt eine Rückmeldung gibt. Bestenfalls wird bei der Umsetzung des Vorhabens durch unternehmensinterne Personalentwickler unterstützt, indem er beispielsweise Gesprächsführungskurse besucht oder in bestimmten Situationen einen

Coach in Anspruch nehmen darf. In solchen Fällen ist das meist Bestandteil einer klar definierten Entwicklungsplanung.

Gute Zielsetzungen sind einfach und spezifisch. Auch sollten sie aus Sicht des Feedbacknehmers erreichbar erscheinen. Derartig formulierte Ziele wirken motivierend und erlauben, nach einer Weile die Umsetzung zu überprüfen. Vor diesem Hintergrund und eigene Erfahrungen beachtend ist auch klar, dass in der Regel etwa drei Zielsetzungen völlig ausreichen. Die Informationsbasis im Anschluss an ein AC ist zwar sehr groß und würde oft Grundlage für bedeutend mehr Maßnahmen bieten. Zu viele Ziele wirken jedoch genauso demotivierend wie komplizierte oder kaum erreichbare Ziele.

Diese allgemeinen Überlegungen zu den Zielsetzungen führen gleichsam zu generellen Qualitätsmerkmalen, die ein AC-Bericht aus Sicht des Feedbacknehmers erfüllen soll. Entscheidend ist der wahrgenommene Nutzen für den Kandidaten. Das Feedback ist ein Service für ihn. Ohne dies gleich an konkreten Merkmalen festmachen zu können, spürt er meist intuitiv, ob er sich inhaltlich und emotional angesprochen fühlt. Ist dies nicht der Fall, so sollte er die für ihn hilfreichen Informationen einfordern. Bezüglich der Konsequenzen aus dem Feedback muss die Grundhaltung vorherrschen, dass er sein Verhalten weitgehend selbst steuern und folglich seine persönliche Weiterentwicklung selbst in Angriff nehmen kann. Allfällige Hilfestellungen sollen dann anlässlich des Feedbackgesprächs angesprochen und konkretisiert werden. Kommen wir damit zum Feedbackgeber.

**Der ideale Feedbackgeber**
Es versteht sich von selbst, dass der Feedbackgeber den Feedbackempfänger im AC persönlich erlebt haben sollte. Rückmeldungen über Verhaltensweisen sind kaum akzeptabel, wenn sie von jemandem stammen, der einen in der betreffenden Situation gar nicht gesehen hat. Versetzt man sich nun in die Situation eines Kandidaten, der sich mit einem bestimmten Karriereziel vor Augen der Herausforderung AC gestellt hat, ergeben sich die Anforderungen an den Feedbackgeber fast automatisch. Man erwartet eine glaubwürdige Person, die sich durch Erfahrung und Expertise auszeichnet. Konkret können das angesehene Führungskräfte oder bekannte AC-Spezialisten aus dem Personalbereich sein. Ein weiteres wichtiges Merkmal aus Sicht des AC-Absolventen ist die Unabhängigkeit respektive Unbefangenheit des Feedbackgebers. Diese Faktoren entscheiden, ob dieser vom Kandidaten insgesamt als kompetent wahrgenommen wird und damit die Voraussetzung besteht, dass er sich dem Feedback mit der nötigen Offenheit und konstruktiven Grundhaltung stellt.

Für den positiven Verlauf des Gesprächs ist es natürlich von Bedeutung, dass der Feedbackgeber die betreffenden Kommunikationstechniken beherrscht. Idealerweise bezieht er den AC-Absolventen mit ein und überlässt ihm einen ausreichenden Redeanteil. Durch eine Zusammenfassung der Aussagen sowie durch Zuhören und Nachfragen regt er den Kandidaten an, sich mit dem AC-Bericht auseinanderzusetzen. Begleitet wird dieses Verhalten von einem klar spürbaren Interesse an der Person des Teilnehmers und dessen Entwicklung sowie einer grundsätzlich wertschätzenden Haltung.

Angesichts der geschilderten Anforderungen tun Unternehmen gut daran, Feedbackgeber gezielt auszuwählen und entsprechend auf ihre Aufgabe vorzubereiten. Auch lohnt es sich, dem Teilnehmer ausdrücklich darzulegen, dass der AC-Bericht von kompetenten Personen eröffnet wird. So ist es auch nichts als folgerichtig, den für die Rückmeldung wesentlichen Rahmenbedingungen Rechnung zu tragen.

**Rahmenbedingungen wirken auf die Feedbackqualität ein**
Wie oben erwähnt, besteht das Feedback aus einem schriftlichen und einem mündlichen Teil. Der schriftliche AC-Bericht hat den Vorteil, dass er auch nach längerer Zeit erneut konsultiert werden kann und eine verbindliche Grundlage für das Feedbackgespräch darstellt. Dieses eignet sich hingegen besser dafür, Unklarheiten zu besprechen, Befindlichkeiten zu äußern und Maßnahmen zu diskutieren. Wichtig für die Akzeptanz der Rückmeldung ist überdies der Faktor Zeit. Idealerweise erhält der Teilnehmer möglichst unmittelbar nach dem AC die Entscheidung sowie ein kurzes, verhaltensbezogenes Feedback. Etwa eine Woche später bekommt er den Bericht zugesandt, und wenige Tage danach sollte ein persönliches Gespräch stattfinden. Es ist wichtig, dass die Rückmeldung möglichst zeitnah erfolgt. Damit wird sichergestellt, dass die Beteiligten das betreffende Verhalten noch erinnern können, die Selbstwahrnehmung nicht bereits durch andere Einflüsse wie Kommentare oder Erinnerungslücken verfälscht worden und die emotionale Nähe zum Testverfahren noch gegeben ist. Der zügige Ablauf im Feedbackprozess ist ein Ausdruck der Bedeutung, die man der Rückmeldung beimisst, und somit auch ein Zeichen der Wertschätzung gegenüber dem AC-Teilnehmer.

Letzteres gilt auch für Ort, Zeitpunkt und Zeitrahmen des

Rückmeldegesprächs. Der AC-Kandidat soll die Möglichkeit haben, sich ausgeruht und ohne allzu großen Stress durch andere Termine zum Feedback einzufinden. Oft wird darauf geachtet, dass es an einem neutralen Ort stattfindet, da man sich im Büro der Führungskraft möglicherweise etwas gehemmt fühlt und so die Voraussetzungen für ein offenes Gespräch auf gleicher Augenhöhe nicht gegeben sind. Selbstverständlich sollte für die Diskussion ausreichend Zeit eingeräumt werden, und äußere Störeinflüsse sind zu verhindern.

In vielen AC werden die Kandidaten aufgefordert, eine Selbsteinschätzung vorzunehmen. In der Regel bewährt es sich, ein solches Selbstbild in die Vorbereitung und die Durchführung des Feedbacks einzubeziehen. So kann man sich auf jene Inhalte konzentrieren, bei denen das AC-Ergebnis eine negative Abweichung zur Selbstbeurteilung aufweist. Vorausgesetzt, dass dieser Unterschied nicht zu groß ist, motiviert diese Sachlage den Teilnehmer meist dazu, sich weiterzuentwickeln. Diesbezüglich sei noch erwähnt, dass es sich positiv auf die Akzeptanz des Feedbacks auswirkt, wenn der AC-Absolvent Zeit, Möglichkeiten und nötigenfalls Unterstützung erhält, um die beschlossenen Verbesserungsmaßnahmen umzusetzen. Denn der wesentlichste Faktor, der das Gelingen oder Misslingen des Feedbackprozesses beeinflusst, ist der Feedbackempfänger selbst.

**Rolle und Verantwortung des Feedbackempfängers**
Jeder hat wohl schon erlebt, wie Personen auf eine kritische Rückmeldung reagieren. Die einen sind dankbar und froh, auf Entwicklungspotenzial hingewiesen zu werden. Die anderen sind gekränkt, wollen den Sachverhalt nicht wahrhaben und

schieben an ihnen beobachtete Defizite allenfalls auf die Situation oder beteiligte Personen ab. Wieder andere sind enttäuscht, hadern mit sich selbst und ihren offenbar begrenzten Möglichkeiten. Es ist naheliegend und zumindest teilweise richtig, den Ursprung dieser unterschiedlichen Reaktionsweisen bei der Persönlichkeit des Betreffenden zu suchen. Menschen, die grundsätzlich der Überzeugung sind, ihr Schicksal in den eigenen Händen zu halten, gehen generell lösungsorientierter mit Feedback um als andere. Positiv wirkt sich auch eine hohe Ausprägung an Veränderungsmotivation aus, die sich durch inneren Antrieb, Entwicklungsoffenheit und Lernbereitschaft auszeichnet. Weiter tragen ganz bestimmte Kompetenzen wie (selbst-)kritisches Denken und die Fähigkeit, Probleme zu lösen, dazu bei, dass Feedbackprozesse positiv erlebt und die erörterten Ziele umgesetzt werden. Es wäre nun aber zu einfach und würde auch nicht den Grundgedanken der AC-Methode entsprechen, den Verlauf des Feedbacks allzu sehr von den Persönlichkeitsmerkmalen des AC-Kandidaten abhängig zu machen. Einerseits begrenzt das die Einflussmöglichkeiten, andererseits haben Untersuchungen gezeigt, dass die Persönlichkeit des Teilnehmers weniger wichtig für dessen Akzeptanz der Rückmeldung ist als angenommen. Daher werden nachfolgend die aus der Sicht des Feedbackempfängers wesentlichen Punkte aufgeführt, die er direkt beeinflussen kann. Schließlich ist die Rückmeldung für ihn in erster Linie dann nutzbringend, wenn er weiß, was er dazu beitragen kann und soll.

Die meisten Menschen schreiben negatives Feedback normalerweise zuerst äußeren Umständen und Einflüssen zu. Das hat damit zu tun, dass man die ungünstige Rückmeldung lieber nicht annehmen beziehungsweise von seiner Persönlichkeit fernhalten will. Das ist ein natürlicher Selbstschutz und äußert sich umso stärker, je größer die Differenz zwischen Selbst- und Fremdbild ausfällt. Ist man sich dieser Reaktion bewusst, wird sie fassbar, und man kann damit umgehen. Vielleicht ist es durchaus hilfreich, seiner Enttäuschung auf angemessene Weise Ausdruck zu geben. Es gehört außerdem zum Sinn und Zweck des Feedbackgesprächs, dass man nachfragt, wie denn diese zunächst einmal schwer verständliche Einschätzung zustande kam. Das alles kann dazu beitragen, die berechtigten Emotionen wieder auf ein kontrollierbares Niveau herunterzuholen. Letztlich sollten jedoch der eigene Beitrag zum Ergebnis und die Verhaltensmerkmale im Mittelpunkt der Aufmerksamkeit stehen. Wer weiß und akzeptieren kann, warum der eigene Einfluss auf die Gruppendiskussion nicht so groß war wie angenommen und dass man vor allem die Argumente der anderen zu wenig berücksichtigt wurden, kommt am ehesten weiter. Im AC werden bekanntlich jobrelevante Verhaltensweisen beobachtet und beurteilt. Folgerichtig wird im Feedback klargemacht, dass ein allfällig negatives Ergebnis auf Grund eines bestimmten Verhaltens zustandegekommen ist, und nicht, weil man ein schlechter Mensch ist. An konkretem Verhalten zu arbeiten ist schließlich bedeutend aussichtsreicher, als die Persönlichkeit «umkrempeln» zu wollen.

Da mit dem Feedback immer ein Effekt erzielt werden soll, ist es wichtig zu wissen, dass positive Rückmeldungen die Veränderungs- und Entwicklungsbereitschaft von AC-Teilnehmern vermindern können. Es besteht also die Gefahr, dass man bei einem prinzipiell positiven Abschneiden keine persönlichen (Entwicklungs-)Konsequenzen zieht. Dies ist insofern ungünstig, als damit zu wenig Nutzen aus dem für alle Beteiligten aufwändigen Verfahren gezogen wird. In aller Regel werden auch bei allgemein gut bewerteten AC-Kandidaten die einen oder anderen Verhaltensdefizite festgestellt, die Ansporn sein sollten, sich auf hohem Niveau nochmals zu verbessern. Und die positiven Aspekte gilt es ganz bewusst aufnehmen. Neben der günstigen Auswirkung auf den Selbstwert kann diese zusätzliche Einsicht helfen, eigene Stärken in Zukunft noch gezielter und mit der nötigen persönlichen Sicherheit zur Geltung zu bringen.

Insgesamt dürfte die Einstellung des Feedbackempfängers entscheidend dafür sein, ob die Ergebnisrückmeldung den gewünschten positiven Effekt hat. Den Grundstein dafür legt man als Absolvent am ehesten mit einer optimistischen Grundhaltung und der Überzeugung, die wertvolle Erfahrung der AC-Teilnahme wirklich nutzen und das Feedbackgespräch als Chance wahrnehmen zu wollen. Man hat zum einen die Möglichkeit, weitere Informationen zum erlebten AC einzufordern, Fragen zu stellen und noch mehr Klarheit über das Anforderungsprofil und die angestrebte Position zu erhalten. Zum anderen kann man die eigene Wahrnehmung sowie das eigene Verhalten mit Hilfe eines kompetenten Experten kritisch prüfen, wird sich der Wirkung bestimmter Verhaltensweisen besser bewusst und schafft die Voraussetzung für souveränes Handeln in vergleichbaren Situationen. Als AC-Absolvent sollte man daher die wesentlichen Faktoren und Möglichkeiten des Feedbacks bedenken. Außerdem ist es angezeigt, sich der persönlichen Rechte, aber auch Pflichten gewahr zu sein, um aus dem Feedbackprozess einen möglichst großen persönlichen Gewinn zu erzielen.

**Und noch dies ...**
Untersuchungen konnten zeigen, dass nicht nur die positiv beurteilten AC-Teilnehmer der Meinung sind, sowohl AC als auch Feedback seien von großem Nutzen. Wichtiger als das AC-Resultat ist vielmehr der Eindruck, ein faires, sinnvolles und nachvollziehbares Verfahren durchlaufen zu haben. Hinsichtlich der Ergebnisrückmeldung spielt die wahrgenommene Glaubwürdigkeit des Feedbackgebers eine zentrale Rolle. Erhält der AC-Kandidat im Feedbackgespräch zudem die Möglichkeit, sich zu äußern, und erfährt er Wertschätzung seitens des Feedbackgebers, erhöht das einerseits seine Bereitschaft, Verbesserungsmaßnahmen einzuleiten. Somit gilt fürs AC und die Beurteilungseröffnung dasselbe, was auch für Beurteilungsprozesse im Alltag gilt: Wie das gesamte Verfahren wahrgenommen und akzeptiert wird, hängt weitgehend vom Verlauf der Beurteilungseröffnung ab. Hervorzuheben ist nur noch, dass der AC-Kandidat aufgefordert ist, ebenfalls einen Teil der Verantwortung zu übernehmen und mit der richtigen Einstellung zu einem nutzbringenden Feedbackgespräch beizutragen.

> **Auf einen Blick**
> Auch wenn es mit einem gewissen zeitlichen Abstand zum AC erfolgt, ist das Feedbackgespräch als zentraler Bestandteil des ganzen Verfahrens zu betrachten. Hier entscheidet sich, ob die während des aufwändigen AC-Prozesses erhobenen Informationen akzeptiert werden und die abgeleiteten Entwicklungsmaßnahmen zur Umsetzung motivieren. Dazu ist der Feedbackbericht ein

erstes wichtiges Element. Er muss verständlich, klar und präzise sein. Der Adressat muss sich darin wiederfinden. Es sollte dort konkret auf die in den Übungen des AC gezeigten Verhaltensweisen und die jobrelevanten Anforderungen Bezug genommen werden. Dies gilt auch für die maximal drei Zielsetzungen, die den anschließenden Entwicklungsprozess einleiten sollen. Ein zweites qualitätsbestimmendes Merkmal im Feedbackprozess ist die Person des Feedbackgebers. Diese soll vom AC-Absolvent als kompetent, unbefangen und glaubwürdig wahrgenommen werden. Im Gespräch selbst wendet sie die wesentlichen Feedbacktechniken an und zeigt echtes Interesse am Kandidaten und seiner Weiterentwicklung. Für eine nutzbringende Rückmeldung müssen drittens die passenden Rahmenbedingungen geschaffen werden. Die zeitliche Nähe zum AC stellt sicher, dass die Erinnerung frisch und die emotionale Nähe seitens der Beteiligten noch vorhanden ist. Indem man einen passenden Ort auswählt und genügend Zeit dafür reserviert, setzt man ein Zeichen hinsichtlich der Bedeutung, die man dem Feedbackgespräch beimisst. Schließlich und als viertes wesentliches Element ist der Feedbacknehmer aufgefordert, seinen persönlichen Beitrag für einen gelungenen Abschluss des AC zu leisten. Mit einer positiven, lösungsorientierten Grundhaltung betrachtet er die Mitteilung seiner AC-Leistung als Chance, sich besser kennenzulernen, zu erfahren, wie er auf andere wirkt, sowie gezielte Entwicklungsmaßnahmen abzuleiten.

Damit wird er wie die Mehrzahl aller AC-Kandidaten das gesamte Verfahren unabhängig vom Ergebnis als wertvolle Erfahrung und wichtigen Meilenstein in seiner individuellen Entwicklung wahrnehmen und nutzen können.

## 7. Was bleibt?

*Herr M. hat es geschafft. Bereits am Tag nach dem Assessment-Center wird ihm telefonisch mitgeteilt, dass man ihn auf Grund seiner Leistungen im AC als Kadermitglied sieht. Sein gutes Gefühl nach Abschluss des AC war also berechtigt. Den Erfolg führt er unter anderem auf sein Wissen über die Methode zurück. Da er sich mit den einzelnen Elementen bereits mental vertraut gemacht hatte, konnte er sich dem Selektionsverfahren mit der notwendigen gelassenen Entschlossenheit stellen. So gelang es Herrn M., in den entscheidenden Momenten präsent zu sein und seine Fähigkeiten gezielt zur Geltung zu bringen. Es ist dann auch nicht allzu überraschend für ihn, dass er in seinem AC-Bericht sowie im Verlauf des ausführlichen Feedbackgesprächs sein Selbstbild weitgehend bestätigt erhält. Es freut ihn, dass seine Stärken erkannt wurden. Einzelne Defizite sind den Beobachtern indes etwas stärker aufgefallen, als ihm lieb ist. Aber die klaren Rückmeldungen motivieren ihn nun umso mehr zu konkreten Verbesserungsmaßnahmen. Die Zeit als AC-Kandidat wird Herrn M. auf jeden Fall als wertvolle Erfahrung in Erinnerung bleiben. Zwar setzte er sich in der Vorbereitungsphase vor allem mit der AC-Methode auseinander, gleichzeitig machte er sich eingehend Gedanken zu seiner Person, seinen Werten, Zielen und Erwartungen an sich selbst. Im AC lernte er seine Verhaltensweisen unter Druck besser kennen, und das Feedback ermöglichte ihm, sein Selbstbild zu hinterfragen und die persönliche Weiterentwicklung zur Führungskraft gezielt voranzutreiben. Es ist nicht auszuschließen, dass er sich im weiteren Verlauf seiner Karriere wieder einem solchen Verfahren wird stellen müssen oder dürfen. Auch kann Herr M. sich vorstellen, in Zukunft von Kollegen, die das AC noch vor sich haben, um Rat gefragt zu werden. Und vielleicht wird er als Vorgesetzter selbst einmal in der Rolle des Beobachters sein. Kurz: In irgendeiner Form wird er auch in Zukunft mit der AC-Methode in Kontakt kommen. Seine gedankliche Auseinandersetzung mit diesem Thema ist also noch nicht abgeschlossen.*

### Einige abschließende Bemerkungen

Das Ergebnis eines Assessment-Centers hat stets Auswirkungen auf den weiteren Karriereverlauf. Besonders deutlich wird das bei einer Selektionsentscheidung, aber auch nach sogenannten Entwicklungs-AC werden Weichen im Hinblick auf die berufliche Zukunft gestellt. Ein solch aufwändiges Verfahren würde man schließlich gar nicht erst durchführen, wenn es keine Konsequenzen hätte. Zukünftigen AC-Kandidaten wird demzufolge die Frage «Was muss ich tun, damit ich das Assessment Center bestehe?» immer als Erstes auf der Zunge brennen. AC-Verantwortliche haben – vereinfacht gesagt – zwei Möglichkeiten, auf diesen Sachverhalt zu reagieren. Zum einen könnten sie bestrebt sein, die Eigenheiten der AC-Methode sowie deren relevante Elemente absolut geheimzuhalten, um so den Teilnehmenden keinerlei Anhaltspunkte zu liefern. Dieses Vorgehen ist jedoch nicht realistisch. Zu viel ist bereits über das Assessment-

Center bekannt. Außerdem wäre eine solche Geheimniskrämerei in der heutigen Zeit mit den unzähligen Informationsmöglichkeiten sowieso nicht umsetzbar. Also kommt nur die zweite Option in Frage – und zwar die weiter oben dargestellte *Transparenz*. Damit schafft man vor allem die Grundlage, dass die Kandidaten das AC zumindest unter vergleichbaren Voraussetzungen angehen können. Sie haben Gelegenheit, die Ratgeberliteratur zu konsultieren und sich mental vorzubereiten. Auch werden sie seitens der AC-Durchführenden über Verlauf, Beurteilungskriterien und Übungen aufgeklärt. Erfolg im AC dürften dadurch nicht in erster Linie jene Teilnehmerinnen haben, die zufälligerweise erraten haben, worum es ging. Die Guten werden vielmehr jene sein, die in der betreffenden Situation ihre Fähigkeiten sozial kompetent und zielgerichtet zur Geltung bringen können. Deshalb wird es selbst unter der Bedingung größtmöglicher Transparenz zwischen den Kandidatinnen und Kandidaten stets Unterschiede im Verhalten und in der Leistung geben.

Im Alltag sind die erfolgsrelevanten Faktoren einer Aufgabe ebenfalls meist recht gut bekannt. Am Arbeitsplatz erhält man diverse Vorgaben in Form einer Tätigkeitsbeschreibung oder eines Pflichtenhefts, des Weiteren werden Ziele vorgegeben. Man erhält bestimmte Mittel, verfügt über Ressourcen, und angesichts der herrschenden Unternehmenskultur weiß man, welches Ergebnis erwartet wird. Noch klarer sind Regeln und Rahmenbedingungen in einem sportlichen Wettkampf. Da das Sportgeschehen normalerweise bestens dokumentiert und in den Medien ausführlich analysiert wird, ist man über Fähigkeiten, Verhaltensweisen und weitere Faktoren, die über Sieg und Niederlage entscheiden, im Bilde. Besonders offenkundig wird der hier beschriebene Sachverhalt schließlich am Beispiel des Kochbuchs. Die Rezepte sind so geschildert, dass das Gericht auf jeden Fall gelingen sollte. Dennoch landet das eine oder andere mitunter direkt im Grünabfall, und selbst wenn es nicht ganz so schlimm herauskommt, ist das Resultat nicht immer dasselbe. Überdies finden sich längst nicht alle Hobbyköchinnen und -köche mit denselben Rezepten gleich gut zurecht. Die eine hat ein besonderes Faible für die Fleischzubereitung, während sich der andere bei Fischgerichten sicherer fühlt. Nur anhand des Kaufs und des Lesens eines Kochbuchs dürften solche Unterschiede kaum sichtbar werden. Derartige Erkenntnisse gewinnt man einzig in der praktischen Anwendung. Erst hier wird deutlich, wer sich mit welchem Arbeitsschritt schwertut. Immerhin begünstigt die vorgängige Auseinandersetzung mit den Zutaten, den Hilfsmitteln, der benötigten Zeit und den Merkmalen des Endergebnisses eine zielgerichtete und effiziente Vorgehensweise.

Eine Köchin hat also diverse unterschiedliche Tätigkeiten zu planen und auszuführen. Sie trifft dabei nicht durchwegs auf optimale Bedingungen, und manchmal muss sie auch improvisieren. Nimmt man noch an, dass sie mit anderen Personen zusammenarbeitet oder sogar deren Chefin ist, bedarf es keines unstatthaften Gedankensprungs, um wieder aufs AC zu sprechen zu kommen. Ein gutes AC provoziert Verhaltensweisen, die für die betreffende Funktion erfolgsrelevant sind. Daher sollte es ein realistisches Abbild des Tätigkeitsfeldes darstellen. Insbesondere im Hinblick auf eine Kaderposition ist dieses vielschichtig und verlangt die Übernahme verschiedener Rollen. In der Präsentation ist der überzeugende Verkäufer gefragt, der Vertrauen weckt und eine Idee oder Marke glaubhaft verkörpert. Im Mitarbeitergespräch ist man der einfühlsame Coach, der aufmerksam zuhört und gemeinsam mit dem Gesprächspartner Lösungen entwickelt. Das Beispiel der Führerlosen Gruppendiskussion zeigt überdies, dass innerhalb derselben Aufgabe oft verschiedene Rollen unter einen Hut gebracht werden müssen. Als Leader beeinflusst man die Diskussion mit stichhaltigen Argumenten und gezielter Vorgehensweise, als Teamplayer bringt man die anderen Teilnehmer ins Spiel und schaut, dass möglichst viele Ideen berücksichtigt werden. Und als Moderator sorgt man für einen geordneten Verlauf des Gesprächs und das Einhalten der Zeitvorgabe. Diese Beispiele deuten an, dass Führen ein zu komplexes Geschäft ist, um es mit einfachen Verhaltenstipps in den Griff zu bekommen. Je vielschichtiger eine Funktion ist, desto mehr verlangt sie nach einer aktiven Rollengestaltung durch den Einzelnen. Also ist der oft gehörte Ratschlag, man soll in einem AC einfach authentisch sein und nicht versuchen, eine Rolle spielen, eigentlich widersprüchlich – und es scheint angebracht, hier noch einige Überlegungen zum Begriff Authentizität anzustellen.

Die oben geschilderte *Rollenvielfalt* ist symptomatisch für die Führungstätigkeit. Folglich gilt es, diese Herausforderung bewusst anzunehmen und sich in einem AC auf die verschiedenen Rollen einzulassen. Es stellt sich natürlich die Frage, wo die notwendige Anpassung in reinen Opportunismus oder sogar in zerstörerische Selbstaufgabe übergeht. Es ist klar, dass sich die einzelnen Rollen auf die Dauer mit der eigenen Persönlichkeit sowie eigenen Werten und Ansprüchen decken sollen. Hierbei ist es allenfalls hilfreich zu wissen, dass das Wort *persona* aus dem Lateinischen stammt und sinngemäß «Maske des Schauspielers» bedeutet. Persönlichkeit kann demnach als Summe der Rollen, die man im Leben spielt, verstanden werden. Auch wenn man sich in bestimmten Situationen unterschiedlich verhält – einmal seine Meinung durchsetzt, ein anderes Mal zurückhaltend reagiert – steckt ein verhältnismäßig stabiler Persönlichkeitskern dahinter. Das heißt, jeder Mensch drückt der einzelnen Rolle einen eigenen Stempel auf. Das wird von anderen wahrgenommen und in der Regel als Eigenschaft gedeutet. So neigt jemand zu extravertiertem Verhalten, während ein anderer normalerweise eher zurückhaltend ist, jemand tritt oft dominant auf, während sich ein anderer meistens nachgiebig verhält. Im Verlauf eines Assessment-Centers werden solche Verhaltenstendenzen von den geschulten Beobachterinnen und Beobachtern identifiziert. Des Weiteren erleben wir bestimmte Rollen als passend oder weniger passend. Einige Rollen fallen uns leicht, doch die Übernahme anderer kostet uns ziemlich viel Anstrengung. Hin und wieder kommt es vor, dass Kandidaten nach dem AC von sich aus den Schluss ziehen, die eingeschlagene Laufbahn nicht weiter zu verfolgen: «Wenn das die Realität ist, die mich erwartet, dann ist das nichts für mich.» Üblicherweise sind es aber die AC-Beobachter, denen eine zu große Distanz zur erwarteten Rolle auffällt. Wer reüssieren will, muss die ihm zugedachten Rollen überzeugend verkörpern – das trifft fürs AC genauso wie für den Unternehmensalltag zu. Mit der Fokussierung auf Authentizität läuft man Gefahr, die vielfältigen Herausforderungen im Beruf zu vereinfachen. Stattdessen sind *Rollensouveränität* und *Glaubwürdigkeit* gefragt. Gemeint ist damit die Zuverlässigkeit in der Einschätzung äußerer Ansprüche – einhergehend mit der Gabe, diese mit eigenen Persönlichkeitsmerkmalen und Werten zu vereinbaren.

Einerseits soll der AC-Kandidat also über ein bestimmtes

Verhaltensrepertoire verfügen, andererseits muss er ein Gespür dafür haben, welche Rolle jeweils von ihm erwartet wird. Nicht umsonst fördern aktuelle Untersuchungen zu Tage, dass erfolgreiche AC-Teilnehmende in der Lage sind, die erfolgskritischen Aspekte einer Situation zu identifizieren. Wenn sich die Kandidatin unter Zuhilfenahme aller verfügbaren Informationen auf ein AC vorbereitet, so ist das in erster Linie ein Zeichen ihrer Motivation. Im Assessment-Center selbst ist es aber unerheblich, ob sie bestimmte Verhaltensweisen eingeübt hat oder «von Natur aus» darüber verfügt. Im betreffenden Moment stellt sie nämlich nichts anderes als die Fähigkeit unter Beweis, augenblicklich zu erkennen, was verlangt wird, und diese Verhaltensweise dann selbst unter dem Druck der Selektionssituation zu zeigen. Wenn ihr das in der realitätsnahen AC-Aufgabe gelingt, so darf man mit großer Wahrscheinlichkeit damit rechnen, dass sie diese Qualität im Berufsalltag gewinnbringend einsetzen wird.

Wenn AC-Verantwortliche über das Verfahren informieren, zeigen sie, dass sie sich ihrer Sache sicher sind. Sie wissen über die Möglichkeiten und Grenzen der AC-Methode Bescheid und nutzen natürlich gezielt die Stärken dieses Instruments. Sie setzen die Teilnehmerinnen nicht noch durch spezielle Übungen künstlich unter Stress, denn die Tatsache, dass das AC-Ergebnis einen Einfluss auf die weitere Karriere hat, erzeugt üblicherweise schon genug Druck. AC-Verantwortliche wissen auch, dass ein realitätsnah gestaltetes AC Leistungs- und Verhaltensunterschiede unter den Kandidaten sichtbar macht, selbst wenn Übungen und Beurteilungskriterien bekannt sind. AC-Kandidaten sollen Kenntnis darüber haben, was sie erwartet. Das gibt ihnen die Möglichkeit, ihre Stärken zur Geltung zu bringen, das Resultat besser einzuschätzen und nicht zuletzt darf Transparenz als Merkmal eines seriösen AC-Anbieters gelten.

Angesichts unserer heutigen Zeit, in der Wandel die einzige Konstante darstellt, drängt sich schlussendlich die Frage nach der längerfristigen Gültigkeit solcher Informationen über das AC auf. Sind Erfahrungsberichte von Kollegen, die vor einigen Monaten ein AC absolviert haben, überhaupt noch relevant? Ist dieses Buch nach einem Jahr veraltet? Dazu ist zu sagen, dass ein Grossteil der Elemente, die um 1920 in der Offiziersprüfstelle der Deutschen Reichswehr verwendet wurden, auch heute noch – wenn auch in abgewandelter Form – in AC vorzufinden sind. Umwälzende Veränderungen der AC-Methode sind auch in den nächsten Jahren nicht zu erwarten. Anpassungen wird es wohl am ehesten dort geben, wo Effizienz und Wirtschaftlichkeit optimiert werden können. Wo immer möglich, dürften deshalb PC-gestützte Tests und Aufgabenstellungen zur Anwendung gelangen. Da im AC jedoch die systematische Beurteilung sozialen Verhaltens stets eine wichtige Rolle spielen wird, bleiben interaktive Übungen auch in Zukunft ein zentraler Bestandteil. Das Bestreben, den realen Arbeitsalltag so gut als möglich zu simulieren, wird unter Umständen vermehrt zu sogenannten dynamischen AC führen. Das heißt, dass die Übungen aufeinander aufbauen sowie Form und Inhalt einer folgenden Aufgabe vom Ergebnis der vorherigen abhängen. Die konsequenteste Umsetzung dieser Idee findet sich in Form sogenannter In-Vivo-AC. Hier wird der Kandidat am Arbeitsplatz selbst in der konkreten Situation beobachtet. Übungen, welche die Tätigkeit simulieren, gibt es da als solche nicht mehr. Vom AC-Verfahren übernommen werden hingegen die verhaltensorientierten Beurteilungsdimensionen sowie die Systematik des Beurteilungsprozesses. Letztgenanntes Beispiel zeigt zugleich, dass bei allen Neuerungen die grundlegenden Prinzipien der AC-Methode und folglich auch der Inhalt dieses Buchs noch eine Weile gültig sein werden.

**Auf einen Blick**
Man könnte vermuten, dass AC-Anwender keine Freude an Büchern wie dem vorliegenden haben. Mit dem Wissen über das Verfahren und über die Möglichkeiten zur Vorbereitung sollten wohl eigentlich mit der Zeit alle Teilnehmenden das AC bestehen. Mit Blick auf den Arbeitsalltag und andere Herausforderungen wird jedoch klar, dass man nur sehr selten keine Ahnung von den erfolgskritischen Faktoren einer Aufgabe hat. In der Regel weiß man darüber Bescheid, was erwartet wird und mit welchen Verhaltensweisen man zum Ziel kommt. Dennoch lassen sich in den allermeisten Fällen menschliche Leistungs- und Verhaltensunterschiede feststellen. Ausschlaggebend dafür ist die Fähigkeit des Einzelnen, die Rollen zu identifizieren, die in der betreffenden Situation erwartet werden. Diese gilt es dann glaubwürdig in Bezug auf die eigene Persönlichkeit sowie zielgerichtet in Bezug auf die Aufgabe zu übernehmen. Wenn ein Kandidat diese Qualität im Rahmen eines realitätsnahen AC zeigt, kann man davon ausgehen, dass er sie auch im späteren Berufsalltag einzusetzen vermag. Dabei ist es unerheblich, ob er sich das betreffende Verhaltensreper-

toire während der Vorbereitung aufs AC angeeignet hat oder schon zuvor darüber verfügt hat. Praktiker brauchen die Transparenz also nicht zu fürchten. Im Gegenteil, sie schaffen damit die Grundlage für möglichst gleiche Voraussetzungen unter den Teilnehmenden und zeigen sich gleichzeitig als seriöse AC-Anbieter, die sich der Möglichkeiten und Grenzen des Verfahrens bewusst sind.

## Literaturempfehlungen

Zum Assessment-Center allgemein
- Kleinmann, M. (2003). Assessment-Center. Göttingen: Hogrefe.
- Obermann, Ch. (2008). Assessment Center. Entwicklung, Durchführung, Trends. Wiesbaden: Gabler.
- Zeitschrift für Personalpsychologie (2005). Themenheft: Assessment Center. Göttingen: Hogrefe.

Zu Dimensionen, Übungen und zum Beurteilungsprozess
- Eilles-Matthiessen, C., el Hage, N., Janssen, S. & Osterholz, A. (2007). Schlüsselqualifikationen in Personalauswahl und Personalentwicklung. Ein Arbeitsbuch für die Praxis. Bern: Hans Huber.
- Kanning, U.P. (2009). Diagnostik sozialer Kompetenzen. 2. aktualisierte Auflage. Göttingen: Hogrefe.
- Kanning, U.P., Hofer, S. & Schulze Willbrenning, B. (2004). Professionelle Personenbeurteilung. Ein Trainingsmanual. Göttingen: Hogrefe.
- Paschen, M., Weidemann, A., Turck, D. & Stöwe, C. (2005). Assessment Center professionell. 2., erweiterte Auflage. Göttingen: Hogrefe.

Zur Vorbereitung auf AC-Übungen und -Tests
- Brenner, D. & Brenner, F. (2005). Assessment Center. Offenbach: Gabal.
- Hesse, J. & Schrader, H. (2009). Testtraining 2000plus. Frankfurt a. M.: Eichborn.
- Siewert, H. (2004). Spitzenkandidat im Assessment-Center. Landsberg: Verlag moderne Industrie.

Zur mentalen Vorbereitung
- Csikszentmihalyi, M. (2008). Das flow-Erlebnis – Jenseits von Angst und Langeweile: im Tun aufgehen. 7. Auflage. Stuttgart: Klett Cotta.
- Eberspächer, H. (2008). Gut sein, wenn's drauf ankommt. Erfolg durch Mentales Training. 2., überarbeitete Auflage. München: Hanser.
- Loehr, J. (2006). Die neue mentale Stärke. 5., durchgesehene Auflage. München: BLV Buchverlag.
- Steiner, V. (2005). Energiekompetenz – produktiver denken, wirkungsvoller arbeiten, entspannter leben. München: Pendo.

Zu Rollenerwartungen und Authentizität
Niermeyer, R. (2008). Mythos Authentizität. Die Kunst, die richtigen Führungsrollen zu spielen. Frankfurt a. M.: Campus.

**Weitere Titel aus dem Orell Füssli Verlag**

*Norbert Pohlmann*
*Markus Linnemann*

## Sicher im Internet

Tipps und Tricks für das digitale Leben

Updates, Passwörter, Verschlüsselung, Kindersicherung: Irgendwie weiß jeder Computerbenutzer, dass ihn das etwas angeht. Dass er Bescheid wissen müsste. Um sicher zu sein im Internet. Die wenigsten haben jedoch den Durchblick oder gerade einen IT-Crack zur Hand. Und doch müssen sie ihre Daten sichern.

Norbert Pohlmann und Markus Linnemann, zwei anerkannte Experten für Internet-Sicherheit, ersetzen den Fachmann in jedem Computerhaushalt. Schritt für Schritt erhellen sie den Weg durch den gefährlichen Dschungel der IT-Welt. Einfach und verständlich, mit Checklisten, Tipps und einem speziellen Online-Service mit aktualisierten Informationen. Das spart Geld und macht sicher.

192 Seiten, broschiert, ISBN 978-3-280-05375-1

**orell füssli** Verlag

*Petra Wüst*

**Profil macht Karriere**

Mit Self Branding zum beruflichen Erfolg

Erfolgreiche Menschen sind erfolgreiche Marken: Sie vertreten klare Werte, strahlen Vertrauen aus, stehen für Integrität und Glaubwürdigkeit. In Zukunft wird dies jedoch nicht mehr reichen. Die Wirtschaftskrise verändert das Wertesystem, verlangt werden zusätzliche Qualitäten: Mehrwert, soziales Engagement und nicht zuletzt eine Portion neuer Bescheidenheit.

Petra Wüst beleuchtet die aktuellen Trends des Self Branding. Sie zeigt, wie man starke persönliche Marken zukunftsgerichtet und nachhaltig aufbaut. Und wie man sich online richtig präsentiert. Damit das eigene Profil auch in einem dynamischen Umfeld unverwechselbar bleibt.

192 Seiten, gebunden, ISBN 978-3-280-05370-6

**orell füssli** Verlag